NEUE SCHRITTE

Ayumi Imaida

Orie Maeda

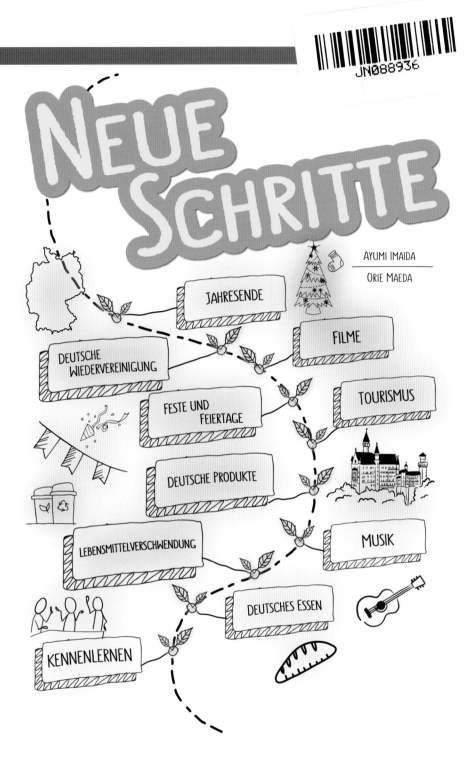

- JAHRESENDE
- FILME
- DEUTSCHE WIEDERVEREINIGUNG
- TOURISMUS
- FESTE UND FEIERTAGE
- DEUTSCHE PRODUKTE
- LEBENSMITTELVERSCHWENDUNG
- MUSIK
- DEUTSCHES ESSEN
- KENNENLERNEN

音声ダウンロード＆ストリーミングサービス（無料）のご案内

https://www.sanshusha.co.jp/text/onsei/isbn/9784384131086/

本書の音声データは、上記アドレスよりダウンロードおよびストリーミング再生ができます。ぜひご利用ください。

Download

Streaming

はじめに

　本書は、ドイツ語の初級文法をひととおり学習した、あるいは文法学習半ばの段階にあるみなさんが、ドイツ語の基礎を確認し、それを実践的に発展させることができるよう工夫した教科書です。復習をしながら、もっとドイツ語を深く学びたい、そんな中級へのステップアップの要望に応えられるよう、文法項目は初級から中級への橋渡しを目的とした内容になっています。また各課では、食文化、音楽、映画、観光、歴史、環境問題など様々なテーマを扱っています。みなさんがドイツ語を学びながらドイツ語圏への興味や理解を深める手助けになれば幸いです。

各課は以下の構成になっています：

✦　その課で扱うテーマに関連した語彙、簡単な Dialog や Quiz など課への導入部分は、テキストの理解を助けます。

✦　課のテーマがわかったら、Wortschatz を活用して Lesetext を読みましょう。
　　内容が理解できているか、Textverständnis で確認してください。

✦　Wiederholung/Neue Grammatik では、既習の文法知識を確実なものにするとともに、中級文法へと移行できるよう様々な練習問題を用意しました。

✦　Hören で聞き取りを行ったら、Sprechen でその課で扱った語彙や表現を使って「場面」に応じた会話練習を行います。ドイツ語の運用能力を養いましょう。

✦　最後のページは、その課で扱ったテーマについて、みなさんがもっと知ることができるよう情報やコラムを載せました。Partnerarbeit も参考に、テーマに関してみなさんの興味があることを調べてくださってもいいですね。

　楽しく勉強して、新たなステップ（Neue Schritte）へと進んでいけるよう、しっかりとドイツ語を身につけていきましょう。

　本書の作成にあたり、ドイツ語をチェックしてくださった鎌田タベアさんに大変お世話になりました。心より御礼申し上げます。

Inhaltsverzeichnis

Vorwort

1. 人称代名詞と動詞の現在人称変化

	人称代名詞		lernen	fahren a → ä	sprechen e → i	sehen e → ie
単	ich	-e	lerne	fahre	spreche	sehe
	du	-st	lernst	fährst	sprichst	siehst
数	er/es/sie	-t	lernt	fährt	spricht	sieht
複	wir	-en/-n	lernen	fahren	sprechen	sehen
	ihr	-t	lernt	fahrt	sprecht	seht
数	sie	-en/-n	lernen	fahren	sprechen	sehen
敬 称	Sie	-en/-n	lernen	fahren	sprechen	sehen

2. 重要な動詞

sein

ich	bin	wir	sind
du	bist	ihr	seid
er	ist	sie	sind
Sie		sind	

haben

ich	habe	wir	haben
du	hast	ihr	habt
er	hat	sie	haben
Sie		haben	

werden

ich	werde	wir	werden
du	wirst	ihr	werdet
er	wird	sie	werden
Sie		werden	

3. 話法の助動詞

	dürfen してもよい	können できる	müssen ねばならない	sollen すべきだ	mögen だろう	wollen しようと思う	möchte* したい
ich	darf	kann	muss	soll	mag	will	möchte*
du	darfst	kannst	musst	sollst	magst	willst	möchtest*
er	darf	kann	muss	soll	mag	will	möchte*

4. 動詞の三基本形と過去人称変化

	不定詞	過去基本形	過去分詞		不定詞	過去基本形	過去分詞
規則変化	spielen	spielte	gespielt		sein	war	gewesen
強変化	gehen	ging	gegangen		haben	hatte	gehabt
混合変化	denken	dachte	gedacht		werden	wurde	geworden

過去人称変化語尾

ich	—	wir	-[e]n
du	-st	ihr	-t
er	—	sie/Sie	-[e]n

sein 過去基本形 war

ich	war▲	wir	waren
du	warst	ihr	wart
er	war▲	sie/Sie	waren

5. 定冠詞・定冠詞類

dieser, welcher, jeder, aller, solcher, jener, mancher

	男性		中性		女性		複数	
1格	der/dieser	Mann	das/dieses	Kind	die/diese	Frau	die/diese	Kinder
2格	des/dieses	Mann[e]s	des/dieses	Kind[e]s	der/dieser	Frau	der/dieser	Kinder
3格	dem/diesem	Mann	dem/diesem	Kind	der/dieser	Frau	den/diesen	Kindern
4格	den/diesen	Mann	das/dieses	Kind	die/diese	Frau	die/diese	Kinder

6. 不定冠詞・不定冠詞類

所有冠詞 mein, dein, sein, sein, ihr, unser, euer, ihr, Ihr / 否定冠詞 kein

	男性		中性		女性		複数	
1格	mein	Vater	mein	Kind	meine	Mutter	meine	Kinder
2格	meines	Vaters	meines	Kind[e]s	meiner	Mutter	meiner	Kinder
3格	meinem	Vater	meinem	Kind	meiner	Mutter	meinen	Kindern
4格	meinen	Vater	mein	Kind	meine	Mutter	meine	Kinder

7. 人称代名詞の3・4格

	単数					複数			2人称敬称
	1人称	2人称	3人称			1人称	2人称	3人称	
1格	ich	du	er	es	sie	wir	ihr	sie	Sie
3格	mir	dir	ihm	ihm	ihr	uns	euch	ihnen	Ihnen
4格	mich	dich	ihn	es	sie	uns	euch	sie	Sie

▶再帰代名詞　3人称単数・複数および2人称敬称で sich（それ以外は、人称代名詞と同形）。

8. 基数と序数　　序数：4.～19. 基数-t　20.～ 基数-st

1-01

基数		序数		基数		序数		基数		序数	
0	null			10	zehn	10.	zehnt	20	zwanzig	20.	zwanzigst
1	eins	1.	erst	11	elf	11.	elft	30	dreißig	30.	dreißigst
2	zwei	2.	zweit	12	zwölf	12.	zwölft	40	vierzig	40.	vierzigst
3	drei	3.	dritt	13	dreizehn	13.	dreizehnt	50	fünfzig	50.	fünfzigst
4	vier	4.	viert	14	vierzehn	14.	vierzehnt	60	sechzig	60.	sechzigst
5	fünf	5.	fünft	15	fünfzehn	15.	fünfzehnt	70	siebzig	70.	siebzigst
6	sechs	6.	sechst	16	sechzehn	16.	sechzehnt	80	achtzig	80.	achtzigst
7	sieben	7.	siebt	17	siebzehn	17.	siebzehnt	90	neunzig	90.	neunzigst
8	acht	8.	acht	18	achtzehn	18.	achtzehnt	100	hundert	100.	hundertst
9	neun	9.	neunt	19	neunzehn	19.	neunzehnt	1000	tausend	1000.	tausendst

Lektion 1

Kennenlernen

Dialog

1-02

R: Riko   E: Elias

R: Hallo, bist du auch Student? Ich heiße Riko.

E: Ja, ich heiße Elias. Ich komme aus Dresden. Und woher kommst du?

R: Ich komme aus Japan und studiere hier in Berlin Germanistik. Und was studierst du?

E: Ich studiere Philosophie. Freut mich!

R: Freut mich auch! Übrigens, wo in Deutschland liegt Dresden?

E: Dresden liegt im Osten von Deutschland, südlich von Berlin.

Dresden ist die Landeshauptstadt des Freistaates Sachsen und nach Leipzig die zweitgrößte Stadt in Sachsen.

R: Interessant! Ich möchte Dresden einmal besuchen.

übrigens ところで
nach 〜 〜に次いで

Partnerarbeit

1-03

パートナーに自分の出身地の位置を説明してみましょう。

Woher kommst du?

Ich komme aus Köln.

Wo liegt Köln?

Die Stadt Köln liegt am Rhein, im Westen von Deutschland.
Und sie ist die viertgrößte Stadt Deutschlands.

am Rhein ライン河畔の
im Osten/Westen/Süden/Norden
〜²/ von 〜³
〜²/³ の東／西／南／北に
südwestlich/nordwestlich/
südöstlich/nordöstlich 〜²/ von 〜³
〜²/³ の南西／北西／南東／北東に
die 序数 größte Stadt 〜番目に大きな都市

3格と結びつく前置詞

aus 〜の中から（外へ）、〜出身の　　bei（人などのいる所）〜のもとで、〜の際に

mit 〜と共に、〜を用いて（手段）　　nach（中性名詞の地名・国名）〜へ、〜のあとに

seit 〜以来　　von（空間／時間）〜から、〜によって、〜の　　zu（人・建物・催しなどのところ）〜へ

4格と結びつく前置詞

durch 〜を通って、〜によって　　für 〜のために　　gegen 〜に対して、〜に反対して

ohne 〜なしで　　um 〜の周囲に、〜時に　　bis（空間・時間）〜まで

3・4格と結びつく前置詞

「場所」を示しているときは3格支配、「方向」を示しているときは4格支配

an	auf	hinter	in	neben
〜きわに／へ	〜の上に／へ	〜の後ろに／へ	〜の中に／へ	〜の横に／へ

über	unter	vor	zwischen
〜の上方に／へ	〜の下に／へ	〜の前に／へ	〜の間に／へ

前置詞 ＋ 定冠詞の融合形

am (an+dem)	beim (bei+dem)
im (in+dem)	vom (von+dem)
zum (zu+dem)	zur (zu+der)
ans (an+das)	aufs (auf+das)
ins (in+das)	fürs (für+das)

1　（　　）には前置詞を、下線部には冠詞の語尾を補いましょう。

1) Ich fahre (　　　　) d_____ Fahrrad zur Uni.　　私は自転車 (s) で大学へ行きます。

2) (　　　　) e_____ Woche ist er krank.　　一週間 (e) 前から彼は病気です。

3) Alex lernt (　　　　) e_____Test.　　アレックスはテスト (r) のために勉強しています。

4) Er legt den Rucksack (　　　　) d_____ Stuhl.　　彼はリュックサックを椅子 (r) の下へ置きます。

2　与えられた語を使って、必要ならば変化させて作文しましょう。

1) unsere Universität / zwischen / der Park / das Rathaus / liegen / und

　　　私たちの大学 (e) は公園 (r) と市役所 (s) の間にあります。

2) stehen / vor / das Theater / jetzt / wir

　　　私たちはいまその劇場 (s) の前にいます。

3) setzen / ihr Sohn / das Sofa / Frau Schmidt / auf

　　　シュミットさんは息子 (r) をソファ (s) に座らせます。

4) am Wochenende / ans Meer / mit / fahren / wir / der Zug

　　　週末私たちは列車 (r) で海に行きます。

 Sprechen

パートナーに質問してみましょう。

Wählen Sie 8 Fragen (je zwei Fragen aus A-D) und sprechen Sie zu zweit.

A 1-04

Wie heißt du?
Wie ist dein Name?

Ich heiße _____.
Mein Name ist _____.

Wie alt bist du?

Ich bin _____ Jahre alt.

Wo wohnst du jetzt?

Jetzt wohne ich in _____.

Was studierst du?

Ich studiere _____.

B 1-05

Was machst / spielst / hörst /
siehst / liest du gern?

Ich spiele / höre / sehe / lese
gern _____.

Was ist dein Hobby?

Mein Hobby ist _____.

Hast du den Führerschein?

Ja, ich ... .

Fährst du gut Auto / Motorrad?

Nein, ich ... .

C 1-06

Was isst du gern / am liebsten?
Was isst du nicht gern?

Ich esse gern / am liebsten _____.
Ich esse nicht gern _____.

Kochst du gut / gern?

Ja, ich ... .
Nein, ich ... .

Fisch, Fleisch, Gemüse, Obst,
Kuchen und Torten

italienisch, japanisch, spanisch usw.

D 1-07

Wer ist dein / deine Lieblings... ?

Meine Lieblingssängerin ist _____.

Was ist dein / deine Lieblings... ?

Mein Lieblingssport ist _____.

Sportler/-in Schauspieler/-in Musiker/-in Schriftsteller/-in
r Sport e Musik r Film s Fernsehprogramm s Buch

誕生日はいつ？

1-08

Wann hast du Geburtstag?	Ich habe am 9. (neunten) Juli Geburtstag.
Wann bist du geboren?	Ich bin am 9. Juli 2001 in Tokyo geboren.
Welches Sternzeichen bist du?	Ich bin Krebs.

 ## Sternzeichen

1-09

| Widder | Stier | Zwilling | Krebs | Löwe | Jungfrau |

| Waage | Skorpion | Schütze | Steinbock | Wassermann | Fische |

 年号の読み方

1-10

1099 年までは基数と同じ：985 年　neunhundertfünfundachtzig

1100 年〜 1999 年は 100 で区切る：1989 年　neunzehnhundertneunundachtzig
　　　　　　　　　　　　　　　　　　1900

2000 年〜 2099 年までは 1099 年までと同様に基数と同じ：2012 年　zweitausendzwölf

Vier Jahreszeiten und Monate

1-11

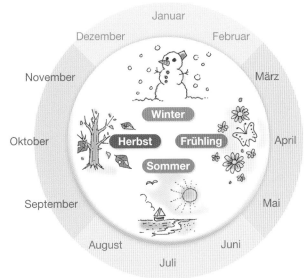

Januar
Dezember　　Februar
November　　　　März
Oktober　　　　　April
September　　　　Mai
August　　Juni
Juli

Winter
Herbst　Frühling
Sommer

Deutsches Essen

Ordnen Sie zu!

1) (Kuchen   )

2) (   )

3) (   )

4) (   )

5) (   )

6) (   )

7) (   )

8) (   )

9) (   )

10) (   )

11) (   )

12) (   )

Fisch	Obst	Apfelsaft	Kaffee
Wurst	Käse	Fleisch	Wein
Gemüse	Brot	~~Kuchen~~	Bier

🎧 1-12

Übung 1 パートナーと会話しましょう。Sprechen Sie zu zweit/in der Gruppe!

A: Wie heißt Nummer ____**1**____ auf Deutsch?   B: Das heißt (**Kuchen**).

Übung 2 音声で確認しましょう。

Dialog 1

1-13

A: Isst du auch gern Fleisch?

B: Ja, aber ich esse lieber Fisch als Fleisch. Und du?

A: Ich esse lieber Fleisch, besonders Hühnerfleisch.

 Ich esse sehr gern „Chicken-Nuggets".

 Dialog 2

1-14

A: Essen Deutsche am liebsten Schweinefleisch?

B: Ja, aber sie essen natürlich nicht nur Schweinefleisch, sondern auch Rindfleisch.

 Hühnerfleisch essen sie auch oft.

 どんな飲み物でしょう。(　　)に Cola あるいは Bier を入れてみましょう。

Limonade +
(　　　) → Spezi
(　　　) → Radler

Bier

ドイツには 1516 年に制定された「ビール純粋令」という法律があり、現在でも「ビールは麦芽・ホップ・水・酵母のみを原料とする」という条文に則ったビール造りが行われている。Pilsner、Helles、Dunkeles、Rauchbier、Weizen、Alt など発酵の仕方、製造の方法などにより様々な種類のビールがある。中でも Weizen は小麦を原料とするのが最大の特徴。

Wortschatz

et⁴ für ... halten ～⁴を…と思う　vielseitig 幅の広い

s Rheinland ラインラント（ライン川の中・上流の両岸地域）　sogar しかもそのうえ　e Jagd 狩り、狩猟

e Alltagssprache 日常語　e Redewendung, -en 言い回し　schwäbisch シュヴァーベンの

Wissen Sie, was A bedeutet? Aがどんな意味か（何を意味するか）わかりますか？

multikulturell 多文化的な

1-15 Deutschland ist für Wurst, Kartoffeln und Bier berühmt. Traditionell hält man in Deutschland „Wohnen" für wichtiger als „Essen". Es gibt aber vielseitige leckere Gerichte in jeder Region, z. B. „Schweinebraten" und „Schweinshaxe" in Bayern, „Rheinischer Sauerbraten" im Rheinland und „Eisbein" in Berlin.

Essen Deutsche am liebsten Schweinefleisch? Ja, aber sie essen natürlich nicht nur Schweinefleisch, sondern auch Rindfleisch und Hühnerfleisch. Sogar Wildfleisch wie z. B. Hirsch, Wildschwein oder Kaninchen ist beliebt. In Deutschland hat die Jagd Tradition.

In der Alltagssprache gibt es „Schwein"-Redewendungen: „Schwein haben" bedeutet „Glück haben".

Essen Deutsche keinen Fisch? Doch, im Norden sind z. B. Lübeck an der Ostsee oder Hamburg an der Nordsee als Hafenstädte bekannt. Hier kann man viele Fische fangen und essen. Hering, Scholle und Matjesfilet sind populär.

Als schwäbische Spezialitäten sind „Käsespätzle" und „Schwäbische Maultaschen" bekannt.

Man darf aber die verschiedenen Wurstsorten nicht vergessen. „Weißwurst" in München, „Nürnberger Bratwurst" in Nürnberg und „Thüringer Bratwurst" in Thüringen.

Es gibt sogar viele Redewendungen und Ausdrücke mit „Wurst": „Jetzt geht es um die Wurst", „Das ist mir ganz Wurscht". Wissen Sie, was diese Redewendungen bedeuten?

„Currywurst" ist in Berlin eines der beliebtesten Fast Food Gerichte, aber als Fast-Food-Ketten sind auch Nordsee, McDonalds, Kentucky Fried Chicken, Pizza Hut oder Subway bekannt. In Deutschland gibt es jetzt multikulturelle und vielseitige Gerichte aus aller Welt.

Textverständnis

1 **Richtig(r) oder falsch(f)?**

r f

a) In Deutschland gibt es vielseitige leckere Gerichte in jeder Region. ☐ ☐

b) Deutsche essen nur Schweinefleisch. ☐ ☐

c) Lübeck oder Hamburg sind als Hafenstädte bekannt. ☐ ☐

d) Nürnberg ist für seine Currywurst berühmt. ☐ ☐

e) Es gibt viele Redewendungen und Ausdrücke mit „Wurst". ☐ ☐

2 **Fragen zum Text**

a) Wofür ist Deutschland im Allgemeinen berühmt?

b) Was drückt die Redewendung „Schwein haben" in Deutschland aus?

c) Was für Wurstsorten gibt es in Deutschland?

wofür（für と was の融合形）　im Allgemeinen 一般的に　Was für ... どんな…

Schweinshaxe

Käsespätzle

Weißwurst

Partnerarbeit

どこの名物か調べてみましょう。

Schwalzwälder Kirschtorte

Schneeball

Stollen

Sachertorte

1 例にならって動詞を適切な形にして（　　）に入れましょう。

例 A: (Fährst) du Auto?　　　　　　　B: Ja, ich fahre oft Auto.

1) A: (　　　　　) du gern Fleisch?　　　　B: Nein, ich esse nicht gern Fleisch.

2) A: (　　　　　) dein Sohn viele Comics?　　B: Nein, aber ich lese viele Comics.

3) A: (　　　　　) Frau Hand Italienisch?

　　B: Nein, aber ihre Kinder sprechen Italienisch.

4) A: Wie lange (　　　　　) du immer?　　B: Ich schlafe meistens 6 Stunden.

5) A: (　　　　　) dir dein Mann im Haushalt?

　　B: Nein, aber meine Kinder helfen mir sehr.

6) A: (　　　　　) du oft ein Taxi?　　　　B: Nein, ich nehme nicht so oft ein Taxi.

7) A: (　　　　　) Sie, wie er heißt?　　　　B: Nein, ich weiß es nicht.

8) A: Was (　　　　　) du in Zukunft?　　　B: Ich werde Beamtin.

2 正しい形を選びましょう。

1) Die Wasserflasche gehört meinem Sohn / meinen Sohn.
　　この水筒は私の息子のものです。

2) Diese Suppe schmeckt mir / mich sehr gut.
　　このスープがとてもおいしいです。

3) Wir treffen heute dem Verlobten / den Verlobten unserer Tochter.
　　私たちは今日娘の婚約者に会います。

4) Ich glaube meinem Vater / meinen Vater.
　　私は父の言うことを信じます。

6) Fragen die Schüler oft dem Lehrer / den Lehrer?
　　生徒たちはよく先生に質問しますか？

6) Die Weißwurst gefällt mir / mich sehr gut.
　　この白いソーセージがとても気に入りました。

形容詞・副詞の比較表現　Komparation

形容詞・副詞の比較級と最上級

比較級は原級に -er を、最上級は -st をつけて作ります。

原　級	klein	jung	alt	groß	hoch	gut	viel	gern
比較級	kleiner	jünger	älter	größer	höher	besser	mehr	lieber
最上級	kleinst	jüngst	ältest	größt	höchst	best	meist	liebst*

＊最上級は am liebsten の形で用いる

(1)　so 原級 wie　　　　Noah ist so groß wie Fynn.
　　　　　　　　　　　　ノアはフィンと同じくらい背が高い。

　　　nicht so 原級 wie　Noah ist nicht so groß wie sein Bruder.
　　　　　　　　　　　　ノアは (彼の) お兄さんほど背が高くない。

(2)　比較級 als　　　　Lena ist größer als ich.　レーナは私より背が高い。

　　　　　　　　　　　Mein Bruder isst lieber Fisch als Fleisch.
　　　　　　　　　　　私の兄は肉よりも魚の方が好きだ。

(3)　am 最上級 -en　　Lukas lernt vor der Prüfung am fleißigsten.
　　　　　　　　　　　ルーカスは試験の前に最も熱心に勉強する。

　　　　　　　　　　　Mia isst am liebsten Schokolade.
　　　　　　　　　　　ミアはチョコレートが一番好きだ。

(4)　定冠詞　形容詞の最上級 -e　　　　　　　　　複数形：die 最上級 -en
　　　　　　　　　　　Elias ist der größte in der Klasse.
　　　　　　　　　　　エリアスはクラスで一番背が高い。

1　(　　)に与えられた語の比較級を入れ、文の内容が正しいかチェックしましょう。

1) Deutschland ist (　　　　　) als Japan.　　　　　　　groß　richtig/falsch
2) Deutsche trinken (　　　　　) Bier als Tschechen.　　　viel　richtig/falsch
3) Der Mount Everest ist (　　　　) als der Matterhorn.　hoch　richtig/falsch
4) Der Nil ist (　　　　　) als der Rhein.　　　　　　　　lang　richtig/falsch
5) Berlin ist (　　　　) als Tokyo.　　　　　　　　　　　kalt　richtig/falsch

2　与えられた形容詞・副詞を適切な形にして入れましょう。

1) Zu Fleisch trinke ich (　　　　　　) Rotwein als Weißwein.　　　gern
2) Rindfleisch schmeckt mir (　　　　　) als Schweinefleisch.　　　gut
3) Kommt das Menü (　　　　) als andere Gerichte?　　　　　　　　schnell
4) In deutschen Restaurants ist das Wasser so (　　　　　) wie Bier.　teuer
5) Zu Eisbein passt am (　　　　　) Sauerkraut.　　　　　　　　　gut
6) Ich esse gern Käse, am (　　　　　) Mozzarella.　　　　　　　　gern

s Menü 定食、セットメニュー　　s Eisbein 塩漬けした豚のすね肉の煮込み

1 音声を聞いて答えましょう。Hören Sie und antworten Sie!

1-16

1) Was bestellt Frau Weber?　　　Gerichte (　　　)　　Getränke (　　　)

2) Was bestellt Herr Steiner?　　　Gerichte (　　　)　　Getränke (　　　)

Gerichte　　　　　　　Speisekarte

A) Bratwurst mit　　B) Wiener Schnitzel　C) Lachsfilet　　D) Sauerbraten mit
　Bratkartoffeln　　　mit Pommes frites　　mit Brokkoli　　　Kartoffelklößen
　13,50 €　　　　　　14,50 €　　　　　　15 €　　　　　　18 €

Getränke　*s* Bier 3,60 €　*r* Rotwein 5,20 €　*r* Weißwein 5,20 €　*r/e* Spezi 3,30 €

s Mineralwasser 4,80 € (Flasche 0,7ℓ)　*r* Orangensaft 3,40 €

r Kaffee (Tasse) 3,40 €　*r* Cappuccino 3,70 €

2 音声を聞いて (　　) に適切な語を入れましょう。(W: Frau Weber　S: Herr Steiner　K: Kellner)

1-17

W: Zahlen bitte!

K: Hat es Ihnen geschmeckt?

W: Ja, sehr gut.

K: Zusammen oder getrennt?

W: Zusammen, bitte. Ich lade (　　　　) heute ein.

S: Oh, danke schön!

K: Das (　　　　) 46,10 Euro.

W: [50 Euro zahlen] Stimmt so.

K: Danke schön! Schönen Tag noch.

W & S: Danke, gleichfalls!

Hat es Ihnen geschmeckt?
おいしかったですか？
Zusammen oder getrennt?
ご一緒ですか、別々ですか？
(に支払いますか)
Stimmt so. (50 ユーロ渡して)
おつりはとっておいてください。
Schönen Tag noch! 良い一日を！
gleichfalls 同様に (あなたも)

  Sprechen

1-18

1 の Speisekarte (メニュー) を見て注文しましょう。また Dialog を参考に支払いましょう。

Was wünschen Sie?	Ich hätte gern ...
Was trinken Sie?	Ich nehme ...

注文をたずねる　　　　　　　　　　注文するとき
Was wünschen/möchten Sie?　　　Ich hätte gern/nehme/möchte ... …がほしい
Was darf es sein?

金額　1 € ein Euro　　18 € achtzehn Euro　　0,60 € sechzig Cent
　　　35,40 € fünfunddreißig Euro vierzig (Cent) 小さいほうの単位 (Cent) は読まない

Deutsches Essen

Fleischgericht

Sauerbraten

酢と水に野菜と香辛料を入れたマリネ液に漬け込んで柔らかくした牛肉をローストした後、長時間蒸し煮したもの。馬肉を使った料理だったという由来もあるが、現在は牛肉を使ったものが定着している。付け合わせは、Rotkohl（赤キャベツ）や Kartoffelklöße（ジャガイモを団子にしたもの）が伝統的。

Wiener Schnitzel

Schnitzel は肉をたたいて薄く延ばしパン粉をつけて揚げた（バターで焼いた）カツレツ。豚肉なども使われるが、仔牛肉を使ったものを Wiener Schnitzel という。キノコ入りのクリームソースがかかった Jägerschnitzel、パプリカ入りのケチャップソースをかけた Zigeunerschnitzel もある。

Fischgericht

肉と比較すると、ドイツにおける魚の消費量は決して多くはない。das Fisch-Informationszentrum e. V の統計によれば、最も好んで食べられる魚は Alaska-Seelachs（スケトウダラ）、Lachs（さけ）、Thunfisch（まぐろ）、Hering（ニシン）、Garnelen（小エビ）となっている。魚料理といえば、SUSHI も百貨店やスーパーマーケットでも売られるほど知名度を上げている。

Fischmarktfavoriten in Deutschland
Anteil am Verzehr von Fischen, Krebs- und Weichtieren

Alaska-Seelachs	19,3 %
Lachs	17,3 %
Thunfisch, Boniten	12,4 %
Hering	8,9 %
Garnelen	7,7 %

(am 19.08.2020 stellte das Fisch-Informationszentrum e. V)

Fast Food

ファストフードといえば世界各地で見られるマクドナルドや、新鮮な魚を用いた Nordsee などのほか、トルコの食べ物として知られる Döner Kebab が大人気。

Döner（回転）、Kebab（焼いた肉）の名の通り、羊、鳥、牛など炙り焼きにされ回転している大きな串刺しの肉をナイフで削り、ローストしたピタパンに生野菜と一緒に挟んだもの。ベルリンで最も有名なケバブのお店 Mustafa's Gemüse Kebap には行列ができることも。

Wurst

ドイツのソーセージの種類は 1750 以上とも言われている。その生産方式によって、Rohwurst（生ソーセージ）、Brühwurst（ゆでソーセージ）、Kochwurst（調理ソーセージ）の 3 種類に分けられる。最も種類の多い Brühwurst には、Frankfurter Wurst や、ミュンヘンの Weißwurst が挙げられる。またファストフードとしても知られる首都ベルリンの名物 Currywurst は、焼いたり揚げたりしたソーセージの上に、ケチャップとカレーパウダーが振りかけられている。ベルリンにはカリーヴルスト博物館もあったが、現在は閉館している。

Kartoffeln

ドイツ料理の主役とも言われるジャガイモは種類も豊富。Kartoffelsalat（ポテトサラダ）、Pommes（フライドポテト）、Kartoffelknödel（じゃがいも団子）、Kartoffelpüree（マッシュドポテト）など様々な調理方法で付け合わせに用いられる。ジャガイモと並んで定番の付け合わせといえば、キャベツを塩でもんで乳酸発酵させた Sauerkraut がある。

Lebensmittelverschwendung

Ordnen Sie zu!

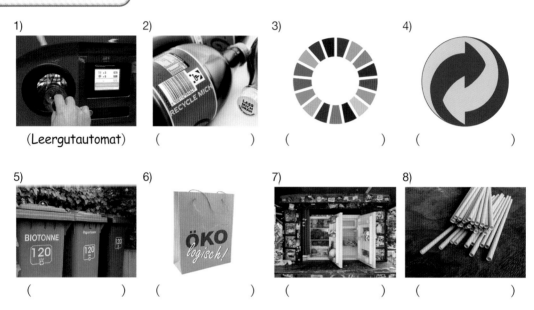

1)

(Leergutautomat)

2)

(   )

3)

(   )

4)

(   )

5)

(   )

6)

(   )

7)

(   )

8)

(   )

e Papiertüte, -n   *r* öffentlicher Kühlschrank, ⸚e   *r* ~~Leergutautomat~~

r Papiertrinkhalm, -e   *s* Pfand   *s* Symbol für SDGs

e Mülltonne, -n   Der Grüne Punkt

Übung 1　パートナーと会話しましょう。Sprechen Sie zu zweit/in der Gruppe!

1-19

A: Was ist Nummer **1** auf Deutsch?　　　B: Das ist（**ein Leergutautomat**）.

Übung 2　音声で確認しましょう。

 次の略語は何を意味しているでしょうか？また、元のことばも調べてみましょう。

1）MHD 　　　a）サブスクリプション　　　　　　　　（　　　　　　　）

2）Abo 　　　　b）植民地物産小売商人購売協同組合　　（　　　　　　　）

3）MWF 　　　c）食料品及び日用品の品質に関する法律　（　　　　　　　）

4）EDEKA 　　d）賞味期限　　　　　　　　　　　　　（　　　　　　　）

5）LMBG 　　　e）リターナブルボトル　　　　　　　　（　　　　　　　）

Dialog 1

1-20

A: Kennst du „SIR PLUS"?

B: Nein, was ist „SIR PLUS"?

A: Das ist eine Plattform und ein Online Shop für „gerettete Lebensmittel". SIR PLUS verkauft nur „gerettete Lebensmittel", deren Mindesthaltbarkeitsdatum bald abläuft und die auch nach dem Mindesthaltbarkeitsdatum noch genießbar sind. Man kann sich seinen Einkauf individuell zusammenstellen oder sich für eine Lebensmittelbox im Abo entscheiden.

B: Schön!

Dialog 2

1-21

A: Sag mal, benutzt man beim Einkaufen in Japan immer noch Plastiktüten?

B: Ja, aber seit dem 1. Juli 2020 kosten Plastiktüten beim Einkaufen in Japan Geld. Ich glaube, wer möglichst umweltfreundlich einkaufen möchte, sollte Mehrwegtüten benutzen.

A: Genau! In Deutschland sind seit dem 1. Januar 2022 leichte Plastiktüten und auch Bio-Plastiktüten verboten und es gibt keine Plastik- und Biotüten im Kassenbereich mehr.

Was ist „SDGs"?

「持続可能な開発目標（SDGs）」Ziele für nachhaltige Entwicklung とは、2015 年に国連サミットで採択された、2030 年までに、すべての人々にとってより良い、より持続可能な未来を築くための国際目標。SDGs は 17 の目標、169 のターゲットから構成されていて、「誰一人置き去りにしない」ことを誓う、先進国から発展途上国までが達成するための普遍的な取り組み。その目標の一つが「12 作る責任、使う責任─持続可能な消費と生産パターンを確保する」で、8 つのターゲットにはごみの廃棄やリサイクル、食品ロスに関する内容が含まれている。

Lebensmittelverschwendung

1-22

    Sowohl zu Hause als auch während des Produktionsprozesses landen immer noch zu viele Lebensmittel im Müll. Jedes Jahr werden weltweit rund 1,3 Milliarden Tonnen Essen, ein Drittel aller Lebensmittel in der ganzen Welt, weggeworfen. Allein in Deutschland landen rund 11 Millionen Tonnen Lebensmittel, und in Japan 5,23 Millionen Tonnen, jedes Jahr im Müll, trotzdem vieles davon noch genießbar ist.

    Die 17 Ziele für nachhaltige Entwicklung (eng. Sustainable Development Goals) sind politische Ziele der Vereinten Nationen (UN), die die weltweite Sicherung einer nachhaltigen Entwicklung erreichen sollen. Die UN haben sich das Ziel gesetzt, die weltweite Lebensmittelverschwendung bis 2030 zu halbieren. Dies ist im Ziel 12 „Nachhaltiger Konsum und Produktion" enthalten. Und die Europäische Kommission arbeitet derzeit an einem Gesetz zur Reform des Mindesthaltbarkeitsdatums. Denn jedes Jahr werden in der EU bis zu neun Millionen Tonnen noch genießbare Lebensmittel aufgrund der aktuellen Haltbarkeitskennzeichnung weggeworfen. Das sind etwa zehn Prozent der gesamten Lebensmittelabfälle.

    Viele Food-Sharing-Organisationen und Spezialisten in Deutschland setzen sich gegen Lebensmittelverluste und Lebensmittelverschwendung ein. Über 960 „Tafeln" gibt es in Deutschland. Sie retten jedes Jahr rund 270.000 Tonnen noch genießbare Lebensmittel. Bei der Tafel handelt es sich um eine ehrenamtliche Organisation, die übrig gebliebene Lebensmittel aus Supermärkten und Spenden an arme Menschen weitergibt. Ihr Ziel ist es, Lebensmittelabfälle zu reduzieren und sie denjenigen zuzuführen, die sie benötigen. Darüber hinaus kooperieren die Tafel und Foodsharing mit Supermärkten, um noch genießbare Lebensmittel kostenlos an Bedürftige abzugeben.

    Der Supermarkt „SIR PLUS" ist Deutschlands erster Supermarkt für abgelaufene Lebensmittel. Aber Ende September 2021 musste das Unternehmen alle fünf Läden schließen. Als Grund für die Schließungen nannte der CEO Umsatzeinbrüche in der Corona-Krise. Jetzt ist SIR PLUS als ein Online-Supermarkt und Online-Plattform tätig. SIR PLUS verarbeitet auch Lebensmittel zu Konserven und Marmeladen, damit Lebensmittel, die noch essbar sind, nicht verschwendet werden und für diejenigen, die sie benötigen, günstig sind.

1 **Richtig(r) oder falsch(f)?**

r f

a) Jedes Jahr werden 11 Milliarden Tonnen Lebensmittel in Deutschland   ☐ ☐
weggeworfen.

b) Die Vereinten Nationen haben sich das Ziel gesetzt, die weltweite   ☐ ☐
Lebensmittelverschwendung bis 2023 zu halbieren.

c) Die „Tafel" gibt gerettete Lebensmittel kostenlos an Bedürftige ab.   ☐ ☐

d) SIR PLUS ist Europas erster Supermarkt für abgelaufene Lebensmittel.   ☐ ☐

e) In Berlin gibt es jetzt fünf SIR PLUS Läden.   ☐ ☐

2 **Fragen zum Text**

a) Wie viele Lebensmittel werden in Japan jährlich verschwendet?

b) Warum arbeitet die Europäische Kommission derzeit an einem Gesetz zur Reform
den Mindesthaltbarkeitsdatum?

c) Warum musste SIR PLUS alle Läden schließen?

文法補足　形容詞の名詞的用法

形容詞は名詞を伴わずに用いられることがあります。男性形・女性形・複数形では「人」を、
中性では「もの・こと」を表します。名詞化した形容詞は格変化します。

「人」を表すとき

	男性名詞		女性名詞			複数形	
1	ein Deutscher	der Deutsche	eine Deutsche	die Deutsche	Deutsche	die Deutschen	
4	einen Deutschen	den Deutschen	eine Deutsche	die Deutsche	Deutsche	die Deutschen	

「もの・こと」を表すとき

	定冠詞	etwas	nichts
1	das Neue	etwas Neues	nichts Neues
4	das Neue	etwas Neues	nichts Neues

＊男性形では Mann、女性
形では Frau、複数形では
Leute、中性形では Ding
があとに省略されている
と考えてください。

1　適切な動詞を選び、正しい形に直して（　　）に補いましょう。＊１回ずつしか用いません。

> teil|nehmen　　besuchen　　statt|finden　　an|rufen　　bezahlen

1) Wir haben am Samstag Freiburg (　　　　　　).
   私たちは土曜日にフライブルクを訪ねた。

2) (　　　　　　) ihr am Seminar zum Umweltschutz (　　　　　)?
   君たちは環境保護のゼミ (s) に参加するの？

3) (　　　　) Sie uns morgen (　　　)!　明日私たちに電話してください！

4) Die weltberühmten Oberammergauer Passionsspiele (　　　　　　) nur alle zehn
   Jahre (　　　　　　).
   世界的に有名なオーバーアマガウの受難劇 (pl.) は 10 年に 1 度だけ開催されます。

   > all- 数詞 …ごとに

5) Kann ich die Kinokarten mit der Kreditkarte (　　　　　　)?
   映画のチケットをクレジットカードで支払うことはできますか？

2　与えられた語を使って、必要に応じて適切な形に直して作文しましょう。

1) an|fangen / um wie viel Uhr / über / der Vortrag / morgen / der Umweltschutz
   その環境保護 (r) に関する講演 (r) は明日何時に始まりますか？

2) zum Essen / ein|laden / Noah / seine Freundin / am Wochenende
   ノアは週末にガールフレンド (e) を食事に誘います。

3) ich / können / ab|holen / wo / meine Eintrittskarte
   どこで私の入場券 (e) を受け取ることができますか？

4) empfehlen / mir / Sie / welcher Biosupermarkt
   あなたはどのビオスーパー (r) を私に薦めてくれますか？

5) übersetzen / vom Deutschen ins Japanische / Reina / ein Brief
   レイナは手紙 (r) をドイツ語から日本語へ翻訳します。

分離動詞のように用いる表現：不定詞 + gehen 「～しに行く」

Am Samstag gehe ich mit meiner Mutter shoppen.　土曜日に私は母とショッピングに行きます。

essen gehen　　shoppen gehen　　schwimmen gehen　　spazieren gehen
散歩する

形容詞の付加語的用法　Adjektive, Modifikation

形容詞を名詞の修飾語として用いる場合、形容詞の語尾が変化します。

1) 定冠詞（類）形容詞
der blaue Vogel

	男性	中性	女性	複数
1格	e	e	e	en
2格	en	en	en	en
3格	en	en	en	en
4格	en	e	e	en

男性1格、中性1・4格、女性1・4格は -e。それ以外はすべて -en。

2) 不定冠詞（類）形容詞
eine kleine Katze

	男性	中性	女性	複数
1格	er	es	e	en
2格	en	en	en	en
3格	en	en	en	en
4格	en	es	e	en

男性1格 -er、中性1・4格 -es、女性1・4格は -e。それ以外はすべて -en。

3) 無冠詞 形容詞
junge Leute

	男性	中性	女性	複数
1格	er	es	e	e
2格	en	en	er	er
3格	em	em	er	en
4格	en	es	e	e

男性・中性の2格は -en、それ以外は定冠詞類に準じる。

---

1 下線部に適切な格変化語尾を入れましょう。

1) Diese grün__ Schürze passt gut zu meiner klein__ Tochter.

2) Kennst du den groß__ Lehrer, der dort steht?

3) Ben hat seiner alt__ Mutter eine neu__ Einkaufstasche gekauft.

4) Dieser Supermarkt verkauft krumm__ Gemüse und Obst.

5) Riko möchte deutsch__ Bier und französisch__ Wein kaufen.

> *e* Schürze エプロン　　zu ～³ passen ～³ に似合う　　*e* Einkaufstasche 買い物袋　　krumm 曲がった

---

2 下線部に適切な格変化語尾を補い、動詞、冠詞類は適切な形に変化させて作文しましょう。

1) die alt__ Villa / eine berühmt__ Schriftstellerin / in / alleine / wohnen

　　その古い別荘 (e) に、ある有名な小説家 (e) が一人で住んでいます。

2) alkoholfrei__ Getränke / lieber / alkoholisch__ Getränke / als / trinken / der jung__ Rechtsanwalt

　　その若い弁護士 (r) はアルコール飲料 (pl.) よりもアルコールフリーの飲み物 (pl.) が好きです。

3) die Bäckerei / ein neu__ groß__ Passivhaus / gegenüber / stehen

　　パン屋 (e) の向かいに新しい大きなパッシブハウス (s) があります。

4) gehören / die bunt__ Turnschuhe / mein best__ Freund

　　そのカラフルなスニーカー (pl.) は私の親友 (r) のものです。

5) heißen / das erst__ Bioenergiedorf / Jühnde / in Deutschland

　　ドイツで最初のバイオエネルギー村 (s) はユーンデです。

1 音声を聞いて答えましょう。Hören Sie und antworten Sie!

1-23

a) Bestellt Riko einen Eiskaffee?

b) Was zeigt Lena Riko?

c) Ist der Trinkhalm aus Plastik?

2 音声を聞いて（　　　）に適切な語を入れましょう。

1-24

A: Was kann man für den Klimaschutz machen?

B: Es geht vor allem um die Reduktion des Kohlenstoffdioxids. Kohlenstoffdioxid trägt erheblich zur (　　　　　　) Erwärmung bei. Klimaschutz bedeutet auch Lebensmittelrettung sowie Umwelt-, Natur- und Tierschutz.

A: Warum trägt die Reduzierung von Lebensmittelabfällen zum Klimaschutz (　　　　)?

B: Wir müssen für Umwelt- und Klimaschutz Lebensmittelabfälle reduzieren, denn unsere Lebensmittelversorgung umfasst auch „Anbau und Nutztierhaltung" und „Lebensmitteltransport, Konsum und Verschwendung", und ist damit für einen (　　　　) Teil des (　　　　) CO$_2$-Ausstoßes verantwortlich. „Lebensmittel retten ist Klimaschutz"!

1-25

フードロスの削減や環境保護のために私たちには何ができるか、パートナーと話しましょう。

Wie können wir die Umwelt schützen?

Wie können wir Lebensmittelverschwendung reduzieren?

Mindesthaltbarkeitsdatum? Verbrauchsdatum?

「賞味期限」は製造者によって設定された「品質保持期限」である。つまり、「消費期限」ではないので「日付が過ぎたらダメ」ということではなく、期限切れでも多くの食品は食べることができる。一方、「消費期限」は精肉や鮮魚、牛乳などの乳製品のように期限が切れると健康に害を及ぼすことを示す。賞味期限切れは申告の上での販売が可能だが、消費期限切れの商品の販売は禁止されている。

Food Bank–Die Lebensmittelrettung

2012 年 12 月 12 日にドイツで創設されたフードシェアのためのオンライン・プラットフォーム。これに先立ち、廃棄食品救済のプラットフォームを考案した映画監督のヴァレンティン・トゥルムが、映画 *Taste the Waste* の中で農場から食卓にのぼるまでの過程で多くの食品が埋め立て地に向かう事実を明らかにした。のちに SIR PLUS を創設するラファエル・フェルマーはスーパーと契約し、廃棄食品を保存することを実現。

ザビーネ・ヴェルトとベルリン女性協会が 1993 年にベルリンで設立したドイツ初のフードバンク。売れ残った食料品を企業、小売店、個人から寄付してもらい、生活困窮者に無料もしくは安価に提供。6 万人以上のボランティアが参加している。ドイツ国内のフードバンクは現在では 960 にのぼり、200 万人以上に支援を行っている。地域によっては、医療品や雑貨も扱っており、現在では「シングルマザー」や「高齢者」を優先的に支援。この活動によって年間 26.5 万トンの食品が廃棄を免れている。

2017 年 9 月にベルリンにオープンした「廃棄食品」だけを扱うスーパー。コロナ禍で実店舗の営業が不調となり、2021 年 9 月末に 5 店舗全店を閉店。現在はオンライン上のプラットフォーム（オンラインショップ、定期配送など）と DB との共同でのフランクフルト中央駅の Rettomaten（「レスキュー」自動販売機）で活動している。また、保管の難しい野菜や果物などを使ってオリジナル加工食品を開発している。

2015 年にデンマークで創設されたプラットフォーム。飲食店やスーパー、食料品店の「まだ食べられる」のに廃棄される食品を登録した顧客に販売するモバイル・アプリ。アプリに登録すると、近隣の店舗が表示され、ユーザーはそこから欲しい商品をオンラインで購入し、指定した時間帯に店舗で受け取る。デンマーク、ドイツなど 13 か国で利用可能。

Passivhaus

★パッシブハウスは世界で最も厳格な基準を満たしたドイツ発祥の省エネ住宅。

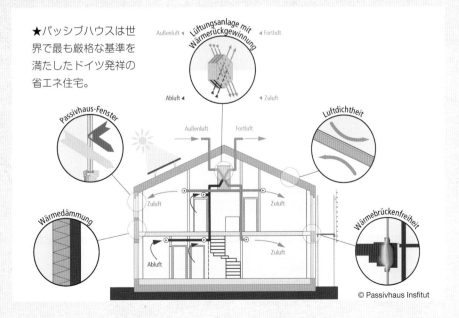

© Passivhaus Institut

Lektion 4

Musik

Ordnen Sie zu!

1)

（Franz Joseph Haydn）

2)

(　　　　　　)

3)

(　　　　　　)

4)

(　　　　　　)

5)

(　　　　　　)

6)

(　　　　　　)

7)

(　　　　　　)

8)

(　　　　　　)

9)

(　　　　　　)

Wolfgang Amadeus Mozart   ~~Ludwig van Beethoven~~   Johannes Brahms
Gustav Mahler   Johann Strauss II.   ~~Franz Joseph Haydn~~
Franz Schubert   Richard Wagner   Felix Mendelssohn

~~An die Freude~~   Ungarische Tänze   Deutschlandlied
Die Zauberflöte   Erlkönig   An der schönen blauen Donau
Das Lied von der Erde   Die Walküre   Hochzeitsmarsch

Übung 1　パートナーと会話しましょう。Sprechen Sie zu zweit/in der Gruppe!

1-26

A: Wer ist Nummer _1_ ?　　　　　　　　B: Das ist (Franz Joseph Haydn).

A: Wer komponierte („ **An die Freude** ")?　　B: (Ludwig van Beethoven).

Übung 2　音声で確認しましょう。

Dialog 1

1-27

A: Sag mal, welche Fremdsprache willst du an der Uni lernen?

B: Ich will Deutsch lernen, weil ich in Wien ins Konzert gehen möchte.

A: Ah, und was möchtest du sonst noch machen, wenn du in Österreich bist?

B: Ich möchte ins Café gehen!

Dialog 2

1-28

A: Was machst du jetzt?

B: Ich höre gerade ein Stück von Mozart, „Eine kleine Nachtmusik".

Diesen Sommer reise ich mit meiner Mutter nach Europa.

Ich möchte Salzburg besuchen, wo Mozart geboren wurde.

A: Schön! Weißt du, dass es auch in Salzburg das Hotel Sacher gibt? Da kann man

die original Sachertorte essen, die die berühmteste Schokoladentorte der Welt ist.

 写真の人物に共通する語を選びましょう。

☐ Komponist

☐ Dirigent

☐ Pianist

☐ Tenorist

☐ Violinist

Loveparade

1989 年から 2010 年まで開催されていた世界最大の野外レイヴ（フェス）。西ベルリンの小さなテクノミュージックシーンのストリートパレードから始まった。2006 年まではベルリンで、2007 年から 2010 年まではエッセンなどのルール地方の都市で開催。2004 年と 2005 年、2009 年は未開催。しかし、2010 年 7 月 24 日にデュースブルクの旧貨物用地で行われたラヴパレードにおいて、現地時間 17 時ころ、入場口となっていたトンネルの出口の斜面に入場者が殺到し、倒れる人も出て圧死により 21 人の被害者と、500 人を超える負傷者が出た。

1-29

Kennen Sie deutsche Musik? Viele Japaner neigen dazu, deutsche Musik mit Klassik zu verbinden.

Zur Weihnachtszeit finden z. B. überall in Japan Aufführungen von Beethovens Neunter Sinfonie statt. Viele Japaner singen jedes Jahr „An die Freude". Manche Japaner interessieren sich jedoch nicht für klassische Musik und viele Japaner wissen auch nicht, wer den Text schrieb. „An die Freude" ist eines der berühmtesten deutschen Gedichte, das im Jahr 1785 von Friedrich Schiller geschrieben wurde.

Komponisten, die großen Einfluss auf die Entwicklung der deutschen Musik nahmen, sind Johann Sebastian Bach (1685-1750) und seine Familie. Bach wurde in Eisenach, in der Mitte von Deutschland, geboren. Er hinterließ viele Werke für Tasteninstrumente und arbeitete für die Kirche. Er komponierte als Kapellmeister viele Werke für Messen, aber er hinterließ auch viele epische Stücke wie die „Matthäuspassion" in seinen letzten Lebensjahren in der Thomaskirche, wo er Kantor war. Bach ist einer der bedeutendsten deutschen Musiker der Barockzeit, dessen Werke bis in die Gegenwart wirken. Seine Musik beeinflusst bis heute nicht nur die klassische, sondern alle Arten von Musik. Daher wurde er auch als „Vater der Musik" bezeichnet und zählt zu „den drei großen B" der deutschen Klassik.

Deutschland ist auch als Geburtsort des Technos bekannt. Techno ist Musik, die mit elektronischen Instrumenten wie Synthesizern und Rhythmusmaschinen produziert wird und es wird gesagt, dass die deutsche Techno-Band „Kraftwerk" diesen Stil in den 1970er Jahren etablierte. Kraftwerk hat viele japanische Bands, wie zum Beispiel „YMO" oder „Sakanaction", beeinflusst.

In Berlin gibt es viele Techno-Clubs. Das Berghain gilt als einer der bekanntesten Techno-Clubs der Welt und ist seit 2004 zum zentralen Ort des Berliner Nachtlebens geworden. Es symbolisiert die Berliner Tanzszene und ist ein legendärer Anziehungspunkt für tanzbegeisterte touristische Kundschaft.

1 **Richtig(r) oder falsch(f)?**

r f

a) Zur Weihnachtszeit finden in Japan oft Aufführungen von Beethovens

sechste Sinfonie statt. ☐ ☐

b) Das Gedicht „An die Freude" wurde 1785 von Beethoven geschrieben. ☐ ☐

c) Bach arbeitete als Kantor in der Thomaskirche. ☐ ☐

d) Bach wurde in Erfurt geboren. ☐ ☐

e) „Kraftwerk" ist eine deutsche Techno-Band. ☐ ☐

2 **Fragen zum Text**

a) Wer schrieb das Gedicht „An die Freude"?

b) Wer ist der bedeutendste deutsche Komponist der Barockzeit?

c) Welche Musikband etablierte den Stil der Techno-Musik?

An die Freude

Freude, schöner Götterfunken,
Tochter aus Elysium!
Wir betreten feuertrunken,
Himmlische, Dein Heiligtum.
Deine Zauber binden wieder,
was die Mode streng geteilt,
alle Menschen werden Brüder,
wo Dein sanfter Flügel weilt.
Deine Zauber binden wieder,
Was die Mode streng geteilt,
Alle Menschen werden Brüder,
Wo dein sanfter Flügel weilt.

Johann Sebastian Bach   Die Thomaskirche   Das neue Gewandhaus

1　適切な従属の接続詞を選び、正しい形にして入れましょう。＊1回ずつしか用いません

> wenn　ob　weil　obwohl　dass

1) Hinata spielt täglich acht Stunden Klavier, (　　　　　) sie an der Musikhochschule in Wien studieren will.
　　陽葵はウィーンの音楽大学で学びたい（〜に留学したい）と思っているので、毎日8時間ピアノを弾きます。

2) Herr Bauer hat gestern eine neue Geige gekauft, (　　　　　) er schon zwei Geigen hat.　バウアーさんは既に2つ持っているのに、昨日新しいヴァイオリンを買いました。

3) Meine Klassenkameraden wissen, (　　　　　) ich schon viele Musikstücke komponiert habe.
　　私のクラスメートたちは私が既にたくさんの楽曲を作曲したことを知っています。

> s Musikstück, -e
> 音楽作品、楽曲

4) Er weiß nicht, (　　　　　) sie ihn heiraten will.
　　彼は、彼女が彼と結婚するつもりなのか知らない。

5) (　　　　　) der Plattenspieler billig ist, kann ich ihn sofort kaufen.
　　そのレコードプレイヤーが安ければ、私はそれをすぐに買うことができます。

2　適切な従属の接続詞を補って、次の2つの文をつなげましょう。

1) Der Student weiß nicht. Salzburg liegt im Westen von Österreich.
　　その学生は、ザルツブルクがオーストリアの西部にあることを知りません。

2) Ich jogge mit dir. Ich stehe morgen früh auf.
　　私は、もし明日早く起きれば君とジョギングします。

3) Herr Schwamborn ist sehr müde. Er muss heute noch arbeiten.
　　シュヴァムボルン氏はとても疲れているのに、今日はまだ働かなければなりません。

4) Können Sie mir sagen? Wann beginnt das Konzert?
　　（あなたは）コンサートがいつ始まるのか私に教えてくださいますか？

5) Hanna nimmt an einem Musikwettbewerb teil. Sie muss jeden Tag stundenlang Bratsche üben.
　　ハンナは音楽コンクールに参加するので、毎日何時間もヴィオラの練習をしなければなりません。

文法補足　疑問詞を接続詞として使う場合

副文にする補足疑問文の定動詞を後置させます。
Gestern habe ich meine Tante gefragt. **Warum** <u>kommt</u> sie nicht zur Party?
→ Gestern habe ich meine Tante gefragt, **warum** sie nicht zur Party <u>kommt</u>.

定関係代名詞　Relativpronomen und Relativsätze

定関係代名詞は、先行する名詞の代わりをする代名詞の働きと、後続する文 (関係文) を名詞 (先行詞) に結びつける働きをします。定関係代名詞は、定冠詞とほぼ同じ変化をします。

格 ＼ 性	男 性	中 性	女 性	複 数
1 格	der	das	die	die
2 格	**dessen**	dessen	**deren**	deren
3 格	dem	dem	der	denen
4 格	den	das	die	die

定冠詞と異なるのは以下の５つ

男性・中性２格 → dessen
女性・複数２格 → deren
複数３格　　　 → denen

Kennst du den Mann,　　der mit meiner Schwester vierhändig Klavier spielt?

Kennst du den Mann?　　**Der Mann** spielt mit meiner Schwester vierhändig Klavier.

〜の男性を知っていますか？　　（その男性が）私の姉とピアノの連弾をしている。

1 適切な定関係代名詞を（　　　）に入れましょう。

1) Das ist der Staubsauger, (　　　　　) mein Mann gestern für mich gekauft hat.

2) Das elektronische Klavier, (　　　　　) mir mein Onkel geschenkt hat, ist sehr praktisch.

3) Der Berg, (　　　　) Gipfel wir vom Shinkansen aus sehen können, heißt der Fuji.

前置詞は必ず定関係代名詞の前に置く。

4) Das ist der Laptop, mit (　　　　) ich immer Referate schreibe.

5) Die Frau, (　　　　) die wertvolle Stradivari gehört, wohnt in einem Schloss.

2 ＿＿ を先行詞として、次の二つの文を結びつけましょう。

1) Die Freundin zieht nächste Woche nach Dresden um. Ich habe gestern die Freundin besucht.

2) Das Schloss liegt in Schwerin. Der Lehrer hat uns das Foto des Schlosses gezeigt.

3) Der Student geht oft ins Konzert. Ich habe gestern dem Studenten eine Eintrittskarte gegeben.

4) Klagenfurt ist eine Stadt. Die Stadt liegt im Süden von Österreich.

5) Das ist meine Oma. Ich wohne bei meiner Oma.

1 音声を聞いて答えましょう。Hören Sie und antworten Sie!

1-30

1) Wann wollen sie ins Konzert gehen?

2) Wo ist die Konzerthalle?

3) Um wie viel Uhr beginnt das Konzert?

2 音声を聞いて（　　）に適切な語を入れましょう。

1-31

A: Sag mal, hast du schon einmal ein Stück von Mozart gehört?

B: Ja, natürlich! Ich höre sehr gern klassische Musik. Am liebsten höre ich „Das Requiem in d-Moll", (　　　) Mozart 1791 komponierte. Das ist seine letzte Komposition, (　　　) unvollendet blieb.

A: Sehr interessant! Ich höre am liebsten die 25. Sinfonie. (　　　) habe ich zum ersten Mal im Film „Amadeus" gehört.

B: Ich habe den Film noch nicht gesehen.

A: Wirklich? Du musst dir den Film einmal ansehen, (　　　) du Zeit hast!

1-32

好きな音楽のジャンルについて質問してみましょう。

> Was für Musik magst du / hörst du gern?

Was für 〜？ どんな（種類の）〜
（für のあとは不定冠詞 + 名詞または無冠詞の
複数形。für は格支配しない。）

好きな曲・作曲家について説明しましょう（クラシックでなくても良い）。

> Was ist deine Lieblingsband?

> Was ist dein Lieblingsmusikstück?

> Wer ist dein Lieblingskomponist / -musiker ...?

> Wer ist deine Lieblingssängerin?

文法補足 関係副詞：先行詞が時や場所を表す場合

先行詞が時や場所などを表す場合、関係副詞（wo, woher, wohin など）が用いられることがあります。

Wir besuchen die Stadt „Naruto", wo (= in der) Beethovens 9. Sinfonie 1918 zum ersten Mal in Japan gespielt wurde.

© Sebastian Wilke / Bundeswehr

Nina Hagen　パンクのゴッドマザー。メルケル首相が退陣の際に選んだのは、„Du hast den Farbfilm vergessen" である。

Nena　ドイツのロックバンド。1983 年発表の『ロックバルーンは99』は、84 年 3 月のアメリカのチャートでも 2 位となる快挙。

Falco　オーストリア出身のミュージシャン。1985 年発売の『ロック・ミー・アマデウス』は英語以外の歌詞で 86 年にビルボード 1 位となった。

Dschinghis Khan　ミュンヘン出身の音楽バンド。『ジンギスカン』や『目指せモスクワ』などは日本のDISCO などでも大人気となった。

Mark Forster　ドイツのミュージシャン、ラッパー。ベルリンで音楽活動を開始。ドイツのラッパー Sidoが 2014 年のサッカーワールドカップのテーマソングに採用された際、フォースターも作曲に参加。一躍ドイツ全土で有名となった。

Palov Steler　オーストリア出身のミュージシャン、プロデューサー、DJ。エレクトロスウィングのパイオニア。当初は DJ として活動、2003 年に自身のレーベルを設立し、2004 年に „KissKiss" という曲がヒットし一躍有名になった。

Joy Denalane　ジャーマン・ソウル／R&B 界のソウル・ディーヴァ。Freundeskreis のシングル „Mit dir" でフロンドマン Max Herre との Duo が大ヒットし、ソロ・アルバムの発売へとつながった。現在は老舗ソウル・レーベル Motown とも契約している。ドイツを代表するミュージシャン。

KRAFTWERK (1970-)　クラフトワークはデュッセルドルフ出身のドイツのエレクトロバンド。クラウトロックの代表格でもあり、エレクトロニック・ミュージック、テクノ・ポップの重要な創設者たちでもある。1970 年に、ラルフ・ヒュッターとフローリアン・シュナイダーによって結成。Kraftwerk は「発電所」を意味する。ちなみに、1982 年には、HIP HOP を定義付けしたアフリカ・バンバータがクラフトワークの楽曲をサンプリングした „Planet Rock" を発表（当初は無断使用）し、エレクトロ・ファンクの先駆けとなった。

提供：ワーナーミュージック・ジャパン

Berghain und Tresor

Berghain（写真）は、「テクノの聖地」ともいわれるベルリンのフリードリヒスハインにあるクラブ。また、世界で入場するのが最も難しいクラブとしても有名。そして世界で一番厳しいと言われるドアマンのSven Marquardt の難関を突破したものだけが入場できる。Tresor は、1988 年から存在した Acid House Club UFO のメンバーがライプツィヒ通りの旧 Weltheim-Kaufhaus の金庫室（Tresorraum）を改装し、1991 年 3 月にオープンしたベルリン初の Techno-Club。9 月にはレーベルも開始した。2005 年に再開発に伴って閉鎖したが、2007 年にベルリン・ミッテ熱電併給プラントの使用されなくなった南翼部分で再開した。ベルリンにはこの他にも Watergate, Wilde Renate など、テクノファンにはたまらないクラブがたくさんある。

© aushilfe444 / shutterstock.com

Deutsche Produkte

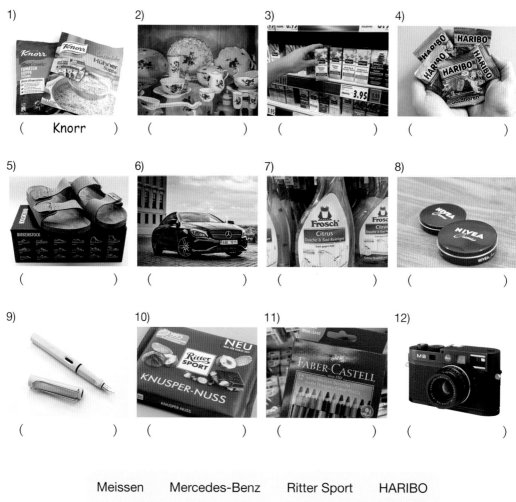

1) (Knorr)

2) ( )

3) ( )

4) ( )

5) ( )

6) ( )

7) ( )

8) ( )

9) ( )

10) ( )

11) ( )

12) ( )

Meissen   Mercedes-Benz   Ritter Sport   HARIBO

Leica   Birkenstock   Kneipp   Frosch

~~Knorr~~   Nivea   Lamy   FABER-CASTELL

🎧 **Übung 1** パートナーと会話しましょう。Sprechen Sie zu zweit/in der Gruppe!

1-33

A: Von welcher Firma ist Nummer __1__ ?   B: Nummer 1 ist von (Knorr).

Übung 2 音声で確認しましょう。

Dialog **1**

1-34

A: Du trägst ein modernes T-Shirt.

B: Ja, das ist von „adidas".

A: Wusstest du, dass „adidas" eine deutsche Marke ist?

B: Wirklich? Das wusste ich nicht.

A: Es gibt viele deutsche Produkte, die weltweit bekannt sind.

Dialog **2**

1-35

A: Mein Bruder war in den Sommerferien in Deutschland.

Und er hat mir „Ritter Sport"-Schokolade mitgebracht.

B: Oh, „Ritter Sport" mag ich auch.

Letzte Woche habe ich die Sorte Voll-Nuss gegessen.

 1911 年に発売された最初のニベアクリーム缶のデザインはどれでしょう？

写真提供：ニベア花王

Puma

兄ルドルフ（Rudolf Dassler）は、1948 年ルドルフの Ru と
ダスラーの Da を合わせた RUDA 社を設立し、後に Puma
Schuhfabrik Rudolf Dassler と社名を改めた。ダスラー兄弟
については、映画 „Duell der Brüder-Die Geschichte von
Adidas und Puma" で知ることができる。

1-36

Als deutsche Automarken kennt man Unternehmen wie Mercedes Benz, BMW, Volkswagen, Porsche, Audi, Opel usw. Fotoapparate von Leica und Porzellan von Meissen sind traditionelle deutsche Produkte, die man auch nicht vergessen sollte. Neben diesen Marken gibt es noch andere deutsche Produkte, die uns bekannt sind.

Die weltweit berühmte Sportmarke „adidas" hat Adolf Dassler 1949 gegründet. Viele wissen schon, dass der Name der Firma „adidas" von dem Spitznamen von Adolf „Adi" und den ersten drei Buchstaben seines Nachnamens kommt. Adolf hatte schon 1924 mit seinem älteren Bruder „Rudolf" eine Schuhfabrik namens „Gebrüder Dassler" in Herzogenaurach, in der Nähe von Nürnberg gegründet. Aber nach dem Zweiten Weltkrieg haben sich die Brüder zerstritten und sind getrennte Wege gegangen.

„Ritter Sport" ist eine Marke vom Süßwarenhersteller „Alfred Ritter GmbH" und seit 1912 eine sehr beliebte Schokolade in Deutschland. Ihre Form hat mit dem Vorschlag einer quadratischen Schokolade begonnen, die in die Tasche jeder Sportjacke passt und in einer Tasche nicht zerbricht.

Viele Menschen kennen die NIVEA Creme seit ihrer Kindheit in einer blauen Dose. Das deutsche Unternehmen „Beiersdorf AG" stellt sie her. Die Unternehmenszentrale liegt in Hamburg. Der Chemiker Dr. Isaac Lifschütz hat den ersten Wasser-in-Öl-Emulgator „Eucerit" erfunden, der Wasser und Öl stabil zusammenhalten kann. Gemeinsam mit dem Apotheker und Unternehmer Dr. Oscar Troplowitz und dem Dermatologen Prof. Paul Gerson Unna hat er NIVEA entwickelt. Der Name NIVEA kommt aus dem Lateinischen „nix, nivis" (der Schnee, wie Schnee) und bedeutet daher „die Schneeweiße".

Vielleicht finden Sie auch noch andere deutsche Produkte.

Dr. Troplowitz

1 Richtig(r) oder falsch(f)?

r f

a) Deutschland ist für Autos bekannt. ☐ ☐

b) Die Brüder Dassler hatten eine Keramikfabrik. ☐ ☐

c) Nach dem Ersten Weltkrieg zerstritten sich die Brüder Dassler. ☐ ☐

d) Die „Ritter Sport"-Schokoladen sind quadratisch. ☐ ☐

e) Der Name „Nivea" kommt aus dem Griechischen. ☐ ☐

2 Fragen zum Text

a) Woher kommt der Name des Unternehmens „adidas"?

b) Warum ist Schokolade „Ritter Sport" quadratisch?

c) Wer hat „Eucerit" erfunden?

Partnerarbeit

他にも日本で知られている「ドイツ製品」があるか調べてみましょう。

またドイツで人気のある「日本製品」についても調べてみましょう。

NIVEA

1911 年最初のニベアクリーム缶のデザイン、青い缶になったのは 1925 年から。

Die erste NIVEA Creme Dose 1911

写真提供：ニベア花王

1　下線部を補いましょう。

現在形	sein	haben	_____	können	wollen
過去形	_____	hatte	musste	_____	_____
過去分詞	gewesen	_____	müssen(gemusst)	können (gekonnt)	wollen (gewollt)

2　下線部を過去形にしましょう。

1) A: <u>Sind</u> Sie zu Hause?　　　　　B: Nein, ich <u>muss</u> zum Rathaus gehen.

2) A: <u>Habt</u> ihr Hunger?　　　　　　B: Ja, wir <u>haben</u> Hunger.

3) A: <u>Bist</u> du krank?　　　　　　　B: Ja, ich <u>habe</u> eine Grippe.

4) A: <u>Könnt</u> ihr schnell laufen?　　　B: Ja, wir <u>können</u> schnell laufen.

5) A: <u>Ist</u> das Wetter schön?　　　　　B: Ja, wir <u>wollen</u> spazieren gehen.

3　下線部を過去形にして訳しましょう。

1) „Ampelmann" <u>ist</u> ein Ampelzeichen im ehemaligen Ostdeutschland.

2) Der Verkehrspsychologe Karl Peglau <u>entwickelt</u> „Ampelmännchen" als
Fußgängersignal.

3) Nach der Wiedervereinigung 1990 <u>tauscht</u> man es schrittweise gegen die
westdeutsche Variante <u>aus</u>.

4) Dagegen <u>protestiert</u> die Bevölkerung und <u>gründet</u> das „Komitee zur Rettung der
Ampelmännchen".

5) Man <u>führt</u> wieder die Ost-Ampelmännchen zunächst in den Gebieten der
ehemaligen DDR wieder <u>ein</u>.

> s Ampelzeichen 信号機マーク　　r Verkehrspsychologe 交通心理学者　　s Fußgängersignal 歩行者信号
> aus|tauschen 置き換える　　s „Komitee zur Rettung der Ampelmännchen" アンペルメンヒェン救助委員会

文法補足　過去完了形　hatte（haben の過去形）／war（sein の過去形）＋過去分詞

過去に起きた出来事 A よりさらに前に起きた出来事 B を表すとき、出来事 B は過去完了
形で表される。
Der Unterricht **hatte** schon **begonnen**, als Ben kam.
　ベンが来たとき、授業はすでに始まっていた。

現在完了形 Perfekt

現在完了形は、haben または sein の人称変化形と**過去分詞**で作ります。
平叙文では haben または sein の人称変化形が第２位に、過去分詞が文末に置かれます。

Er **hat** gestern seinen Freund **besucht.** 彼は昨日（彼の）友達を訪れた。

Er **ist** gestern nach Heidelberg **gefahren.** 彼は昨日ハイデルベルクへ行った。

haben：すべての他動詞 sein：場所の移動（gehen/fahren）
　　　　自動詞の大部分 　　　　状態の変化（werden/aufstehen）
　　　　　　　　　　　　　　　　　その他（sein/bleiben）

ich	habe	wir	haben		ich	bin	wir	sind
du	hast	ihr	habt		du	bist	ihr	seid
er/es/sie	hat	sie	haben		er/es/sie	ist	sie	sind

1 haben / sein を選び、(　) に与えられた動詞の過去分詞を補いましょう。

1) Hast / Bist du schon zu Abend (　　　　　　　)?
   君はもう夕飯を食べた？ essen

2) Sein Bruder hat / ist in Deutschland Ingenieurwissenschaften (　　　　　　　).
   彼の兄はドイツで工学を専攻した。 studieren

3) Meine Großmutter hat / ist vor drei Jahren (　　　　　　　).
   私の祖母は３年前に亡くなった。 sterben

4) Mit wem habt / seid ihr gestern Headis (　　　　　　　)?
   君たちはきのう誰とヘディスをしたの？ spielen

5) Sie hat / ist heute rechtzeitig (　　　　　　　).
   彼女は今日タイミングよく起きた。 aufstehen

2 与えられた語を用い、例のように現在完了形の文で答えましょう。

例 Wann gründet Adolf Dassler „adidas"? 1949 <u>1949 hat er „adidas" gegründet.</u>

1) Was stellt die Firma „Steiff" besonders her? Teddybären

2) Wer geht zum Ampelmann Shop in Berlin? meine Freundin

3) Für wen kocht Melitta Bentz Kaffee? für ihren Mann

4) Seit wann verkauft man Levi's Jeans offiziell in der ehemaligen DDR? seit 1971

1 音声を聞いて答えましょう。Hören Sie und antworten Sie!

1-37

1) Was hat Riko im Ampelmannshop gekauft?

☐ Handtücher ☐ Uhren ☐ T-Shirts ☐ Portemonnaies

2) Wie viel hat es insgesamt gekostet?

☐ 19,95€ ☐ 39,90€ ☐ 13,90€ ☐ 59,50€

3) Womit hat Riko bezahlt?

☐ in bar ☐ mit Kreditkarte

insgesamt 全部で　in bar 現金で　s Andenken（旅の）みやげ　in anderen Farben 別の色の

2 音声を聞いて（　）に適切な語を入れましょう。

1-38

A: Wo hast du das Portemonnaie (　　　　　)?

B: Ah, dieses Portemonnaie von AIGNER?

A: Ja, es ist sehr hübsch.

B: Ich (　　　　) in Deutschland. Dort habe ich es (　　　　).

A: Wie lange (　　　　) du in Deutschland geblieben?

B: Nur eine Woche. Aber ich habe viele Sehenswürdigkeiten (　　　　)

und viel Bier (　　　　). Das hat mir Spaß (　　　　).

A: Wie schön!

Sprechen

1-39

週末あるいはお休みに何をしたか、また感想についても尋ねてみましょう。

Was hast du am Wochenende/in den Sommerferien/in den Winterferien gemacht?

Wo warst du in den Sommerferien?

Wie war die Reise/der Ausflug ...?　～はどうだった？

HARIBO

HARIBO はグミキャンディーのメーカーとしては世界最大規模を誇る。ハリボーの歴史は 1920 年、Hans Riegel が Bonn に会社を設立したことに始まり、社名 HARIBO は創業者の名前と地名に由来する。彼は、硬いものを食べる習慣がなく咀嚼力が弱かった子どもたちの「噛む力」を鍛えるためグミを開発した。„Haribo macht Kinder froh und Erwachsene ebenso" (ハリボーは子どもを幸せにする、そして大人も) がキャッチフレーズ。小説家ケストナーやアインシュタインもお気に入りだったと言われる。

Steiff

世界で初めてテディベアを作ったシュタイフ社 (Steiff)。そのきっかけは、1880 年 Margarete Steiff がファッション雑誌からヒントを得て作ったフェルト製の小さなゾウのぬいぐるみだった。これが評判となったため、この 1880 年がシュタイフ社創業の年とされている。1902 年マルガレーテの甥リチャードの提案により、「本物のようなクマのぬいぐるみ」が製作され、これが世界で最初のテディベアと呼ばれる「55PB」。テディベアの名前は、第 26 代アメリカ合衆国大統領セオドア・ルーズベルトのニックネーム"テディ"に由来すると言われる。

Kaffeefilter von Melitta

今日では当たり前となったペーパードリップシステムは、1908 年ドイツのドレスデンに住む Melitta Bentz によって考案された。彼女は夫ヒューゴのためにおいしいコーヒーを淹れるのが日課だった。しかし当時家庭でのコーヒー抽出には布や金網が用いられ、カップにカスが入り、半分飲んでは新しく継ぎ足し、カスを流しながら飲むというものだった。小さな穴をいくつか開けた真鍮製の容器 (後のフィルター) に 1 枚のろ紙とコーヒーの粉をのせ、お湯を注いだところ、コーヒーの粉がカップに入ることもなくゴミ捨ても簡単で味もおいしく、これが世界で最初のペーパー・ドリップシステムの誕生となった。

Frosch

カエルがトレードマークの Frosch はドイツ生まれの洗剤ブランド。1980 年代、チェルノブイリ原子力発電所事故をはじめ、ヨーロッパで大規模な環境災害が発生。「環境への負荷を抑えたい」という思いから、「サステナビリティ (持続可能性)」をコンセプトにしたフロッシュが誕生した。カエルがトレードマークになっているのは、環境の変化に敏感で土地の環境指標になるからと言われている。環境先進国だけあって、環境に配慮したフロッシュブランドの人気は高く、どこのスーパーに行っても Frosch 製品を目にする。

Kneipp

Kneipp は「植物や水などの自然の生命力」に着目した自然療法士で神父の Sebastian Kneipp の名を冠して 1891 年にドイツで生まれた。日本ではバスソルトが知られており入浴剤ブランドと思われがちだが、ボディケアやフェイスケア、ハーブティーまで、自然の力で健康をサポートする総合的ヘルスケアブランド。

Tourismus

Ordnen Sie zu!

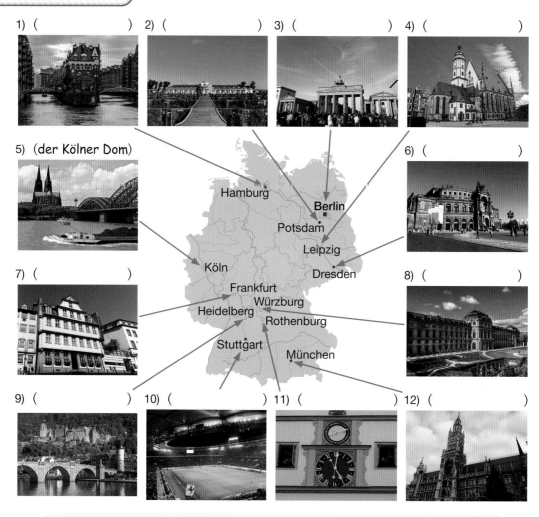

1) ( ) 2) ( ) 3) ( ) 4) ( )

5) (der Kölner Dom)

6) ( )

7) ( )

8) ( )

9) ( ) 10) ( ) 11) ( ) 12) ( )

Hamburg
Berlin
Potsdam
Leipzig
Köln
Dresden
Frankfurt
Würzburg
Heidelberg
Rothenburg
Stuttgart
München

s Goethe-Haus   e Hamburger Speicherstadt   s Brandenburger Tor
r ~~Kölner Dom~~   e Semperoper   e Thomaskirche   e Residenz
s Heidelberger Schloss   e Uhr der Ratstrinkstube   e Mercedes-Benz-Arena
s Neues Rathaus   s Schloss Sanssouci

🎧 **Übung 1** パートナーと会話しましょう。Sprechen Sie zu zweit/in der Gruppe!
1-40
A: Was ist Nummer __5__ auf Deutsch?   B: Das ist (**der Kölner Dom**).

Übung 2 音声で確認しましょう。

Dialog 1

1-41

A: Wann wurde das Schloss Neuschwanstein erbaut?

B: Im 19. Jahrhundert, glaube ich. Warum fragst du denn?

A: Ist es wahr, dass dieses Schloss dem Cinderella Schloss von Disneyland als Modell diente?

B: Das weiß ich nicht. Aber ich habe mal gelesen, dass Walt Disney 1935 nach Europa gereist ist und auch das Schloss Neuschwanstein besucht hat.

~³ als Modell dienen ～³のモデルになっている

Dialog 2

1-42

A: Wer hat das Schloss erbaut?

B: Es wurde von Ludwig II. erbaut.

Er wird als „tragischer König" gesehen.

A: Warum?

B: Du kannst sein Leben im Film „Ludwig II." von Luchino Visconti verfolgen.

 ドイツで知られている観光街道です、結びつけましょう。

Romantische Straße	・ファンタスティック街道
Märchenstraße	・古城街道
Alpenstraße	・ロマンチック街道
Burgenstraße	・アルペン街道
Fantastische Straße	・メルヘン街道

1-43

　Deutschland ist für Reisende ein faszinierendes Land. Man kann dort Kultur, Kunst und Geschichte erleben. Die Hauptstadt Berlin wird als eine lebendige Stadt gesehen, die Tradition und Jugendkultur verbindet. Es gibt viele historische Sehenswürdigkeiten, wie die Gedenkstätte Berliner Mauer, das Brandenburger Tor usw. Wer sich für Kunst interessiert, sollte die Weltkulturerbestätte Museumsinsel besuchen. Berlin gilt aber auch als Weltstadt für Techno, und Clubs sind auch eine wichtige touristische Ressource.

　München ist die Landeshauptstadt von Bayern und hat eine eigene Kultur entwickelt. Sie ist eine Fundgrube an Museen, Galerien, Schlössern und Theatern. München ist auch für das größte Bierfest, das Oktoberfest, bekannt.

　Köln ist eine alte Stadt, die als Kolonie des Römischen Reichs erbaut wurde. Das Wahrzeichen der Stadt ist der Kölner Dom, der als Weltkulturerbe eingetragen ist.

　Es gibt auch bekannte touristische Straßen. Die älteste und berühmteste Ferienstraße ist die „Romantische Straße". Die Straße führt von Würzburg nach Füssen und ist ca. 350 Kilometer lang. Der Höhepunkt ist das Schloss Neuschwanstein, das ab 1869 von Ludwig II. erbaut wurde.

　Städte wie Rothenburg und Heidelberg, die entlang der Burgenstraße liegen, führen uns in die Zeit des Mittelalters zurück. Das historische Festspiel „Meistertrunk" und der Festzug in Rothenburg werden von vielen Touristen gerne gesehen. In Heidelberg ist die älteste Universität Deutschlands, die 1386 von Ruprecht I. errichtet und 1803 vom Herzog von Baden, Karl Friedrich, wiederaufgebaut wurde. Hinter dem alten Universitätsgebäude steht ein Studentenkarzer, der zwischen 1778 und 1914 genutzt wurde.

　Wer sich für Märchen von Grimm interessiert, dem wird die Märchenstraße von Hanau nach Bremerhaven empfohlen. Hier kann man etwas über das Leben der Gebrüder Grimm und ihre Märchen erfahren. Je nach Reiseziel werden Ihnen zahlreiche attraktive Reisemöglichkeiten angeboten.

1 **Richtig(r) oder falsch(f)?**

r f

a) Die Museumsinsel in Berlin ist eine Weltkulturerbestätte. ☐ ☐

b) In Stuttgart findet das größte Bierfest Deutschlands statt. ☐ ☐

c) Die älteste und berühmteste Ferienstraße ist die „Romantische Straße". ☐ ☐

d) Das Schloss Neuschwanstein wurde im 18. Jahrhundert erbaut. ☐ ☐

e) Das Festspiel „Meistertrunk" wird in Rothenburg gespielt. ☐ ☐

2 **Fragen zum Text**

a) Was kann man in Deutschland erleben?

b) Wofür ist die Stadt Köln besonders bekannt?

c) Welche Ferienstraßen kommen im Text vor?

> wofür (für+was) 何で

Partnerarbeit

旧東ドイツの町 Dresden は「エルベ (河畔) のフィレンツェ」とも呼ばれています。どんな名所があるか調べてみましょう。

Schloss Neuschwanstein

18歳で国王となったルートヴィヒⅡ世、王の関心は高貴さと美を追求した夢の城を築くことに寄せられ、ワーグナーの作品に見る中世伝説にあるロマンチックな美の世界を具現化しようとした。書斎は「タンホイザー」、居間は「ローエングリーン」、寝室は「トリスタンとイゾルデ」、更衣室は「ニュルンベルクのマイスタージンガー」の壁画が描かれている。また居間と書斎の間にある洞窟はタンホイザーの伝説にあるヴィーナスの洞窟がモチーフにされている。のちにシュタンベルク湖の東岸に立つベルク城に幽閉されたルートヴィヒⅡ世は40歳で謎の死を遂げる。

1 日本語訳を参考に、助動詞を適切な形にして （ ） に入れましょう。

1) (   ) ich die Gemälde fotografieren?

   絵画の写真をとってもいいですか？

2) In Dinkelsbühl (   ) man schöne Fachwerkhäuser sehen.

   ディンケルスビュールで素晴らしい木骨家屋を見ることができる。

3) Sie (   ) am Eingang Ihre Tasche ins Schließfach tun.

   あなたは入口で（あなたの）かばんをロッカーに入れなければなりません。

4) Du (   ) zuerst zum Pergamonmuseum gehen.

   君はまずペルガモン博物館に行くべきだ。

5) (   ) ihr wirklich heute noch das Schloss Neuschwanstein besuchen?

   君たちは本当に今日まだノイシュヴァンシュタイン城を訪れるつもりなの？

6) Ich (   ) eine Schifffahrt auf dem Rhein machen.

   私はライン川を船で遊覧したい。

2 1)〜6)と a) 〜 f) を結びつけて会話を完成させましょう。

1) Wollen wir zusammen spazieren gehen?   (   )

2) Was bekommen Sie, bitte?   (   )

3) Soll ich Ihren Koffer tragen?   (   )

4) Darf ich hier rauchen?   (   )

5) Am Wochenende findet das Konzert von Bach statt. Kommst du auch mit?   (   )

6) Kommt Luka heute nicht zur Uni?   (   )

a) Ja, sehr gerne. Ich mag seine Violinkonzerte.   b) Das ist sehr nett, danke!

c) Nein, ich muss Hausaufgaben machen.   d) Er soll krank sein.

e) Nein, hier ist das Rauchen verboten.

f) Ich möchte ein Stück Tiramisu und einen Kaffee, bitte.

> **文法補足 状態受動：助動詞 sein ＋ 本動詞の過去分詞**
>
> 動作が完了した後の状態「〜されている」を表す場合、状態受動が用いられます。
> A: Wann wird die Bäckerei geöffnet?   B: Die Bäckerei **ist** schon seit 6 Uhr **geöffnet**.
>   そのパン屋はいつ開くの？   6時からもう開いているよ。

受動態 Passiv

受身の行為・動作は、助動詞 **werden** と本動詞の**過去分詞**を用いて表現されます。**werden** は人称変化して定動詞の位置に、**過去分詞**は文末に置かれます。

Viele Touristen besuchen das Schloss Neuschwanstein.

多くの観光客がノイシュヴァンシュタイン城を訪れる。

人間や動物（動作主）の場合は **von** ＋３格
能動文の主語が意思を持たない場合は **durch** ＋４格

現在形	Das Schloss Neuschwanstein	wird	von vielen Touristen	besucht.
過去形	Das Schloss Neuschwanstein	wurde	von vielen Touristen	besucht.

★能動文の主語が **man** など一般的な人の場合や、動作主を言う必要がない場合は省略されます。

Auch in der Schweiz spricht man Deutsch.

⇒ Auch in der Schweiz wird Deutsch gesprochen. スイスでもドイツ語が話される。

1 （　　）には werden の人称変化形を、下線部には動詞の過去分詞を入れましょう。

1) Die Prinzessin (　　　　　　) vom Prinzen _____.　　　　küssen

　　　王女は王子にキスされる。

2) Wann (　　　　　　) das Museum _____?　　　　öffnen

　　　いつ博物館は開館しますか？

3) Dresden (　　　　　　) durch Bomben _____.　　　　zerstören

　　　ドレスデンは爆弾によって破壊された。

4) Im Hotel kann kostenlos Internet _____ (　　　　　　).　　　　benutzen

　　　ホテルではインターネットが無料で利用できます。

5) Wir (　　　　　　) vom Reiseführer durch die Altstadt _____.　　　　führen

　　　私たちはガイドに旧市街を案内される。

6) Weißt du, wann die Mauer von der DDR-Regierung _____

　　　(　　　　　　)?　　　　bauen

　　　（君は）いつ東ドイツ政府によって壁が建設されたか知ってる？

2 　　　　　　を主語にして受動文に書き換えましょう。

1) Mein Freund lädt mich zur Bierparty ein.

2) Ludwig van Beethoven komponierte das Klavierstück „Für Elise".

3) Auf dem Oktoberfest trinkt man viel Bier.

4) Einstein stellte die Relativitätstheorie auf.

5) Meine Eltern schenkten mir den Teddybären.

6) Man muss die Fahrkarte vor dem Fahrtantritt entwerten.

entwerten（切符に）
パンチを入れる

Hören

1 音声を聞いて答えましょう。Hören Sie und antworten Sie!

1-44

1) Wie lange dauert die „Stadtführung mit Museumsinsel und Berliner Schloss"
   ungefähr?

2) Was kostet sie?

3) Um wie viel Uhr/wann beginnt sie?

ungefähr おおよそ　die „Stadtführung mit Museumsinsel und Berliner Schloss" 博物館島とベルリン王宮を訪ねる
観光（ガイド）ツアー　r Studentenausweis 学生証　daran teil|nehmen それ（市内観光ツアー）に参加する
r Treffpunkt 集合場所

2 音声を聞いて（　　）に適切な語を入れましょう。

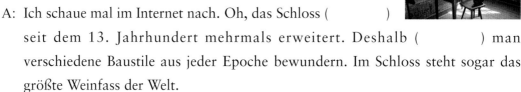

1-45

A: Was möchtest du in Heidelberg sehen?

B: Ich möchte unbedingt das Heidelberger Schloss besichtigen.

A: Ich schaue mal im Internet nach. Oh, das Schloss (　　　　)
   seit dem 13. Jahrhundert mehrmals erweitert. Deshalb (　　　　) man
   verschiedene Baustile aus jeder Epoche bewundern. Im Schloss steht sogar das
   größte Weinfass der Welt.

B: Interessant!

A: Moment mal, in der Altstadt (　　　　) es einen Studentenkarzer geben.

B: Studentenkarzer? Den (　　　) ich auch besuchen. Wann (　　　) Besucher
   hineingelassen?

A: Von 10 Uhr bis 16 Uhr (　　　) man ihn besichtigen.

B: Gut, (　　　) wir dann zuerst zum Schloss und danach zum Studentenkarzer
   gehen?

A: Prima!

nach|schauen 調べる　erweitern 拡張する　*pl.* Baustile 建築様式
s Weinfass ワインの樽　hinein|lassen 入れる（入るのを認める）

 Sprechen

どんな町（や名所）を訪れたいですか、何に興味がありますか、クラスメートと話してみましょう。
また旅行プランを考えてみましょう。

1-46

Welche Stadt/Welche Städte möchtest du besuchen?

Was möchtest du sehen/besuchen? Wofür interessierst du dich?

Was kann man sonst noch sehen? Was für Sehenswürdigkeiten gibt es noch?

Wollen wir zuerst ..., dann ....

e Sehenswürdigkeit, -en 名所

Gedenkstätte Berliner Mauer - Dokumentationszentrum （ベルリンの壁記念館）

ベルリンの壁と壁にまつわる歴史を見ることができる野外博物館（展示スペース）。旧東ベルリンのベルナウアー通りは、壁建設直後、壁に面した建物から飛び降りて西へ逃げた人が多くいたことで知られる。人々の流出を止めるため建物を封鎖・破壊し、緩衝地帯や監視塔が設けられた。ベルナウアー通りのベルリンの壁記念館にあるドキュメンタリーセンターの展望台からは、当時のままの壁と監視塔を見学することができる。壁は西側と東側の2枚建てられており、2枚の壁の間の空間は、Todesstreifen（生命の危険のある立入禁止地帯）と呼ばれ、東ドイツから逃亡を防ぐために必要であれば監視塔からの発砲が許可されていた。記念館の敷地やその付近には、当時厳しい監視を抜けて壁を越えた人、また越えようとした（が越えられなかった）人の名前が刻まれた記念碑を見ることができる。ベルリンの壁と交互に敷かれた金属板には Grenzmauer（境界の壁）の文字が刻まれ、ベルリンの壁と同じ高さのポールが隙間を開けて立てられている。

Brandenburger Tor （ブランデンブルク門）

ブランデンブルク門は、プロイセン王国の凱旋門として 1791 年に完成した。古代ギリシャの神殿を模して造られ、ドイツ古典主義建築の傑作といわれる。当時の東ベルリンに位置し、門のすぐ西側にベルリンの壁が建設されたため通り抜けができなくなったが、壁の崩壊時には多くの市民が周囲を取り囲み歓喜に沸いた。門の上の勝利の女神と4頭立ての馬車クヴァドリガは、1806 年プロイセンを破ったナポレオンによって戦利品として持ち去られた。1814 年にベルリンへ戻ったが第二次世界大戦で破損、新たに作られた。

Haus am Checkpoint Charlie （チェックポイント・チャーリー博物館）

東西分断期のベルリンには数多くの検問所が設置されていた。チェックポイント・チャーリーは（第2次世界大戦時の対ドイツ）連合国（英米仏）の軍関係者、外国人および外交官が通行するための検問所。「チャーリー」は、アルファベットの „C" を表すコード名で C 検問所という意味。ベルリンの壁崩壊後は検問所自体が廃止され撤去された。現在、復元された建物の屋根に一方に米兵、反対側にソ連軍兵士の写真が掲げられ観光名所の一つとなっている。検問所跡地の脇にあるチェックポイント・チャーリー博物館には、1961 年 8 月 13 日ベルリン封鎖当時の市内の様子、東側から逃れてきた時の様々なルートや手段がパネルや写真で紹介されている。また、実際に利用された車や気球も展示されている。

Meistertrunk und Festzug （マイスタートゥルンクと行列）

30 年戦争に由来する祭り。プロテスタント側のローテンブルクは、カトリック側の皇帝軍に 3 日間で陥落し、市長らには死刑判決、ローテンブルクの町も焼き払われることになるが、司令官ティリー（Tilly）率いる皇帝軍を地元の特産品であるフランケンワインでもてなしたところ、その際用いられた 3 と 1/4 ℓ 入る大盃のワインを一気に飲み干せる者がいればこの町を助けると難題がふきかけられる。ヌッシュ老市長（Nusch）はこれを一息に飲んで町を救った。マイスタートゥルンクのお祭りは 1631 年 10 月 31 日のこの出来事を再現している。ローテンブルクの市庁舎の仕掛け時計はこの話に基づいている。

© FooTToo / Shutterstock.com

Feste und Feiertage

Ordnen Sie zu!

1) (Neujahr   )

2) (   )

3) (   )

4) (der Tag der Deutschen Einheit)

5) (   )

6) (   )

7) (   )

8) (   )

9) (   )

~~Neujahr~~   ~~der Tag der Deutschen Einheit~~   Silvester
eine Hochzeit   Karneval/Fastnacht   ein Geburtstag
Ostern   Weihnachten   der Tag der Arbeit

🎧 1-47 **Übung 1** パートナーと会話しましょう。Sprechen Sie zu zweit/in der Gruppe!

A: Was für ein Fest/Feiertag ist Nummer _1_ ?   B: Das ist (Neujahr).

A: Was für ein Fest/Feiertag ist Nummer _4_ ?

B: Das ist (der Tag der Deutschen Einheit).

Übung 2 音声で確認しましょう。

Dialog 1 ———————————————————— A: Sohn B: sein Vater

1-48

A: Weihnachten ist ein Fest, wo wir die Geburt von Jesus Christus feiern, nicht wahr Papa?

B: Ja, am 24. ist Jesus Christus geboren.

A: Was wird dann an Ostern gefeiert?

B: Ostern ist ein Frühlingsfest. Da wird an die Auferstehung von Jesus Christus nach seinem Tod am Kreuz gedacht.

 Dialog 2 ————————————————————————————————

1-49

A: Ostern und Weihnachten, beide Feste mag ich. Denn ich bekomme an beiden Festen Geschenke.

B: Ja, aber zu Ostern bekommen nur Kinder Geschenke. Wir Erwachsenen nicht.

A: Außerdem macht es mir zu Ostern großen Spaß, Eier im Garten zu suchen. Aber was haben Eier und Hasen mit Ostern zu tun?

mit ... zu tun haben …と関係がある

 Ostern oder Weihnachten?　イースターにちなんだものを選びましょう。

1) Alle / Nur Kinder bekommen Geschenke.

2) Viele essen Gans / Lamm.

3) Das Fest wird immer an einem bestimmten Tag / jedes Jahr an einem anderen Tag gefeiert.

4) Es gibt Schokoladeneier und Schokoladenhasen / Stollen und Lebkuchen.

5) Die Geschenke sind unter einem Baum / versteckt.

6) Die Geburt / Die Auferstehung von Jesus Christus wird gefeiert.

Wortschatz

s Osterfest 復活祭　　*e* Auferstehung 復活　　*r* beweglicher Feiertag 移動祝祭日

r Ostermontag 復活祭の月曜日　　variieren（一致しないで）異なる、違う

r fester Bestandteil なくてはならない存在　　schlüpfen 孵化する

s vergossene Blut Jesu　イエスの流された血　　*r* Opfertod 犠牲的な死　　*r* Bote 使者

e Frühlingsgöttin 春の女神　　*s* Osterlamm 復活祭に食べる子羊（の料理）

1-50　In Deutschland wird das Osterfest wie auch in vielen anderen Ländern jeden Frühling gefeiert. Zu Ostern feiern die Anhänger des christlichen Glaubens die Auferstehung von Jesus Christus.

Ostern ist ein beweglicher Feiertag und findet jedes Jahr am ersten Sonntag des ersten Vollmondes nach dem Frühlingsanfang statt und geht über zwei Tage. Der darauffolgende Montag heißt „Ostermontag". Manche Feiertage in Deutschland variieren von Bundesland zu Bundesland, aber diese beiden Tage sind in ganz Deutschland gesetzliche Feiertage.

In vielen deutschen Familien sind „Osterhasen" und „Ostereier" fester Bestandteil des Osterfestes. Zu Ostern bemalen Kinder und Erwachsene Eier. Oft werden auch Schokoladeneier oder Schokoladenhasen gekauft. Eltern verstecken die Eier im Haus oder im Garten. Den Kindern macht es Spaß, die Eier zu suchen und sie zu sammeln.

Aber warum gibt es Eier zu Ostern und warum werden sie bemalt? Aus einem Ei schlüpft ein Küken. Dies erinnert an die Auferstehung Christis am Ostersonntag.

Im Mittelalter haben Christen die Eier blutrot bemalt. Die rote Farbe erinnert an das vergossene Blut Jesu und somit an seinen Opfertod am Kreuz. Erst viel später wurden die Eier auch in anderen Farben bemalt, um das Fest farbenfroh zu gestalten.

Und was haben Hasen mit Ostern zu tun? Dazu gibt es viele Geschichten. Ostern ist auch ein Frühlingsfest, und ein germanischer Mythos besagt, dass der Hase ein Bote der Frühlingsgöttin Ostara sei.

Neben Eiern essen viele Menschen traditionell viel Fleisch zu Ostern. Berühmt ist das Osterlamm. Aber heutzutage isst man es meist aus Schokolade oder als Kuchen.

1 Richtig(r) oder falsch(f)?

r f

a) Zu Ostern wird die Geburt von Jesus Christus gefeiert. ☐ ☐

b) Ostern ist ein Sommerfest. ☐ ☐

c) Ostern geht über zwei Tage. ☐ ☐

d) Zu Ostern darf man kein Fleisch essen. ☐ ☐

e) Zu Ostern bemalen Kinder und Erwachsene Eier. ☐ ☐

2 Fragen zum Text

a) Wo werden die bemalten Eier oft versteckt?

b) Warum gibt es Eier zu Ostern?

c) Was wird neben Eiern traditionell zu Ostern gegessen?

Partnerarbeit

日本とドイツの祝日、どちらが多いか比較してみましょう。

また、ドイツの祝日はどのように祝うか調べてみましょう。

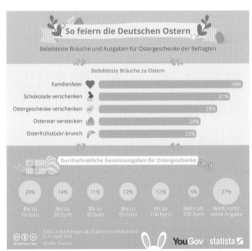

© statista

Ostermarkt (Frühlingsmarkt)

1 イラストに合う文を選びましょう。

1)　　2)　　3)　　4)　　5)　　6)　　7)

Es regnet stark.　Es blitzt und donnert.　Es schneit.

Es ist heiß.　Es ist wolkig.　Es wird dunkel.　Ich friere.

2 与えられた語を用いて答えましょう。

1) Wie spät ist es jetzt?　　　　　　　　　　　10.30 Uhr

2) Wie geht es Ihnen?　　　　　　　　　　　　sehr gut

3) Wie ist das Wetter in Berlin?　　　　　　　sonnig

4) Was gibt es heute in der Mensa zu Mittag?　Wiener Schnitzel mit Kartoffeln

---

es を使った慣用句

Es geht jetzt **um** die Wurst. *　　　　　es geht um ＋4格

　今が正念場だ。　　　　　　　　　　　　　　～⁴が問題である

Es kommt auf das Wetter **an**.　　　　　es kommt auf ＋4格 an

　天気次第だ。　　　　　　　　　　　　　　　～⁴次第である

Es handelt sich um das Kind.　　　　　　es handelt sich um ＋4格

　その子のことが重要だ。　　　　　　　　　　～⁴が問題である、重要である

＊ある街のお祭りの競争ではソーセージが景品で、そのソーセージをかけて戦うことからきたともいわれる。
https://young-germany

文法補足 haben / sein + zu 不定詞

haben + **zu** 不定詞：「～しなければならない」

Bis morgen **habe** ich ein Referat **ab**zugeben.

　明日までに私はレポートを提出しなければならない。

sein + **zu** 不定詞「～されなければならない」、「～されうる」

Das Ticket **ist** am Eingang **zu** zeigen.　　チケットは入口で示されなければならない。

Dieses Fahrrad **ist** leicht **zu** reparieren.　この自転車は簡単に修理できる。

zu 不定詞（句） zu Infinitiv

動詞の不定詞の前に **zu** を入れたものを **zu** 不定詞といい、それを含む句を **zu** 不定詞句といいます。

   zu 不定詞　　**zu** sprechen　　話すこと

   zu 不定詞句　eine fremde Sprache **zu** sprechen　　外国語を話すこと

1) 名詞的用法──主語や述語、あるいは目的語として

   Eine fremde Sprache zu sprechen ist schwer.　　外国語を話すことは難しい。

   (= Es ist schwer, eine fremde Sprache zu sprechen.)

   Ich habe vor, eine Reise nach Deutschland zu machen.

      私はドイツ旅行をする予定です。

2) 付加語的用法──名詞の修飾語として

   Heute habe ich keine Zeit, ins Kino zu gehen.　　今日私は映画に行く時間がない。

3) 副詞的用法

um … zu 不定詞　　　　Ich spare Geld, um einen BMW zu kaufen.

                私は BMW を買うために貯金する。

(an)statt … zu 不定詞　Heute geht mein Bruder zu Fuß zur Uni, statt mit dem

                Fahrrad zu fahren.　　今日兄は自転車の代わりに歩いて大学へ行く。

ohne … zu 不定詞　　　Julia ist spazieren gegangen, ohne einen Schirm mitzunehmen.

              ユリアは傘を持たずに散歩に行った。　　　　　　　　　分離動詞の場合

---

1 適切な語句を選び、zu 不定詞句にして下線部に入れましょう。

1) Es macht mir Spaß, _____ 庭で卵を探すのは楽しい。

2) Man bemalt die Eier bunt, um _____ 祭りを彩り豊かにするために卵を塗ります。

3) Heute habe ich vor, _____ 今日私はチョコレートでできた卵とウサギを買う予定です。

4) Meine Tochter hat auch Lust, _____

    私の娘も復活祭のクランツブーケを作る気があります。

> das Fest farbenfroh gestalten　　Schokoladeneier und Scholadenhasen kaufen
>
> einen Osterkranz basteln　　im Garten Eier suchen

2 後ろの文を zu 不定詞句にして、例のように前の文につなげましょう。

  例 Ich habe einen Traum. Ich werde Konditorin.

    Ich habe den Traum, Konditorin zu werden.　　私は、お菓子屋さんになる夢がある。

1) Emma hat etwas vor. Emma fährt in den Schulferien zu ihren Großeltern.

2) Ich stelle den Wecker auf 6 Uhr. Ich fahre morgen früh nach Köln ab.

3) Es ist wichtig. Man isst gesund und schläft ausreichend.

1 音声を聞いて答えましょう。Hören Sie und antworten Sie!

1-51

1) Was hat Leon zu Ostern vor?

  ☐ zu seinem Freund zu fahren ☐ zu seinen Eltern zu fahren

2) Worauf freut sich sein Neffe?

  ☐ Eier zu bemalen ☐ Eier zu verstecken

3) Kommt Riko mit Leon zu seinen Eltern? ☐ Ja ☐ Nein

2 音声を聞いて（　）に適切な語を入れましょう。

1-52

A: Wie viele Feiertage (　　　　　) es in Deutschland?

B: Es ist schwierig, pauschal etwas über deutsche Feiertage zu (　　　　　).
Der Neujahrstag, der Tag der Arbeit, der Tag der Deutschen Einheit und die
Weihnachtsfeiertage sind bundesweite Feiertage. Aber z. B. das Dreikönigsfest,
Mariä Himmelfahrt sowie der Reformationstag und Allerheiligen sind nur in
bestimmten Bundesländern gültig.

A: Interessant! (　　　　　) Deutschland viele religiöse Feiertage?

B: Ja, Ostern ist auch ein religiöses Fest und wird jedes Jahr an anderen Tagen
(　　　　　), sogenannten beweglichen Feiertagen.

A: Ach, in Japan ist z. B. der Tag der Volljährigkeit auch ein beweglicher Feiertag.

B: Ich glaube, es gibt in Japan bestimmt (　　　　　) Feiertage als in Deutschland.

> *r* Neujahrstag 元日 *r* Tag der Arbeit メーデー *r* Tag der Deutschen Einheit ドイツ統一記念日
> *s* Dreikönigsfest 三王来朝 *e* Mariä Himmelfahrt マリア昇天祭
> *r* Reformationstag 宗教改革記念日 *s* Allerheiligen 万聖節 *r* Tag der Volljährigkeit 成人の日

  Sprechen

1-53

誕生日にパーティをします、友達を誘いましょう。持っていくものについても話し合いましょう。

| Was hast du am Wochenende vor? | Nichts. Warum? |

| Hast du Zeit? | Ja, ich denke schon. |

| Am Samstag feiern wir Bens Geburtstag. Hast du Lust mitzukommen? | Klar, gerne. Soll ich was mitbringen, z. B. einen Salat? |

| Ja, danke. Die Party fängt um halb sechs an. |

Ostern（復活祭）

十字架にかけられ処刑されたイエス・キリストが復活したことを祝うお祭り。
キリスト教において最も重要な行事であるとともに、春になって冬眠していた動物たちが活動を始め、枯れていた植物がよみがえることを祝う春のお祭りでもある。復活祭を表す Ostern（英語 Easter）は、ゲルマン神話の春の女神 Ostara（Eostre）、あるいはゲルマン人の用いた春の月名 Eostremonat に由来するとも言われる。イースターの約1カ月前からドイツのあちこちでマーケット Ostermarkt が開かれ、イースターにちなんだ商品が並ぶ。

Fastenzeit / Passionzeit（カトリックでは四旬節、キリスト教では、一般的に受難節）

カトリックでは、復活祭前の40日間は四旬節（カトリックや一部のプロテスタントなどの西方教会では、灰の水曜日 Aschermittwoch から復活祭前日の土曜までの期間）と呼ばれ、復活祭に備えて身を清め、イエスの受難を思いながら慎ましく過ごす期間とされる。このためアルコールや菓子類、肉、卵、乳製品などを控える「断食」をする人がいる（同じ西方教会にあっても、聖公会、ルーテル教会は「復活祭前日」までを四旬節としている）。

Karneval / Fasching（カーニバル）

四旬節直前の約1週間は賑やかに祝う習慣がある。とりわけカーニバル最終日の前日「バラの月曜日」Rosenmontag から最終日の「謝肉祭の火曜日」Faschingsdienstag は盛大で、ケルン、デュッセルドルフ、マインツのパレードには多くの人が訪れる。

Weiberfastnacht（ヴァイバーファストナハト）

ドイツ西部、ライン川沿岸一帯のラインラント地方やカトリックの影響が強い地域では、カーニバルが最も盛り上がる「灰の水曜日」までの最終週の始まりの木曜日は、「汚れた」木曜日あるいは「脂っこい」木曜日 Schwerdonnerstag, Fettdonnerstag などと呼ばれ、この日は男性がしているネクタイを女性がはさみで切っていく Weiberfastnacht という風習がある。ネクタイを切られた後は、お詫びにキスをしてもらえるそう。

Ostereier（イースターエッグ）

鳥が卵の殻を破って出てくる姿と、処刑されたのち復活したイエス・キリストを重ねて、イースターでは卵が使われるようになったと言われる。卵は「復活・生命」のシンボル。

Osterhase（イースターバニー）

うさぎは、多産で種を維持するなど豊かな命の営みや春の躍動感を感じさせるため、イースターでは「豊穣・生命」のシンボルとされている。

Osterlamm（イースターラム）

羊は、食べ物、飲み物、衣類を与える生命の象徴として昔から存在し、子羊は純粋さ、無邪気さ、善良さの象徴であることからキリストのシンボルと言われている。旧約聖書の時代から子羊は神への捧げもの（生け贄）の動物とされていた。

Osterfladen（オースターフラーデン）

イースターの時期にドイツで食べられる定番の菓子パン。レーズンとアーモンドが入ったケーキのようなパン。Fladen は、ドイツ語で「パンケーキ、平たいパン」の意味（スイスのドイツ語圏では「オースターフラーデン」はパンではなくアーモンドとレーズンのタルト）。

Filme

Ordnen Sie zu!

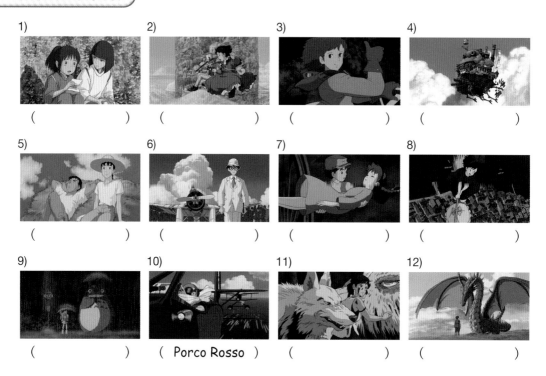

1) (   )   2) (   )   3) (   )   4) (   )

5) (   )   6) (   )   7) (   )   8) (   )

9) (   )   10) (Porco Rosso)   11) (   )   12) (   )

Kikis kleiner Lieferservice   ~~Porco Rosso~~   Stimme des Herzens

Die Chroniken von Erdsee   Wie der Wind sich hebt

Tränen der Erinnerung   Chihiros Reise ins Zauberland

Mein Nachbar Totoro   Das wandelnde Schloss   Das Schloss im Himmel

Prinzessin Mononoke   Nausicaä aus dem Tal der Winde

Übung 1 パートナーと会話しましょう。Sprechen Sie zu zweit/in der Gruppe!

1-54

A: Wie ist der Titel von Nr. __10__ ?   B: Der Titel von Nr. __10__ ist („**Porco Rosso**").

Übung 2 音声で確認しましょう。

Übung 3 日本語のタイトルを調べましょう。

1-55

A: Wie ist der Originaltitel von Nr. __10__ ?   B: Der Titel ist („**Kurenai no Buta**").

Dialog 1

1-56

A: Wofür interessierst du dich?

B: Ich interessiere mich sehr für Filme, besonders für Animationsfilme. Siehst du auch gern Animationsfilme?

A: Ja, sehr gern. Gestern Abend habe ich mir einen Anime von Studio Ghibli angesehen.

Dialog 2

1-57

A: Welchen Film hast du dir gestern angesehen?

B: „Wie der Wind sich hebt".

A: Wie war der Film?

B: Sehr interessant! Was mir am besten gefallen hat, war das Titellied, „Hikoki-Gumo" von Yumi Arai. Hikoki-Gumo bedeutet auf Deutsch „Kondensstreifen".

 次の映画のタイトルにもある海洋生物の名前は？

a) Rochen   b) Seestern   c) Schildkröte

d) Qualle   e) Seehund

„Die rote ( )"

Manga und Anime

ドイツでも日本の「マンガ」や「アニメ」は人気がある。1961年に最初にアニメ作品『猿飛佐助』(*Der Zauberer und die Banditen*) が上映され、テレビアニメでは『マッハ GoGoGo』(*Speed Racer*) が 1971 年から放映されたが、受け入れらなかった。後に「世界名作劇場シリーズ」や『みつばちマーヤ』(*Die Biene Maja*) などが放映され、そのなかでも『ハイジ』(*Heidi*) が広く受け入れられ、1990 年代以降は日本アニメのブームが起こった。映画では『アキラ』(*AKIRA*, 1990)、『攻殻機動隊』(*Ghost in the Shell*, 1997)、ジブリ作品によって芸術形式としてのアニメも受け入れられるようになった。また、テレビシリーズでは、『不思議の海のナディア』(*Die Macht des Zaubersteins*, 1996)、『美少女戦士セーラームーン』(*Sailor Moon*, 1997)、『ドラゴンボール』(*Dragon Ball*, 1998) の成功によって日本のアニメがメディアの形式としての地位を得た。

Wortschatz

r **Pionier, -e** 先駆者、パイオニア   **erfinden** 〜⁴を発明する   **fertig|stellen** 〜⁴を完成させる

r **Projektionsapparat, -e** 映写機、プロジェクター   *e* **Filmvorführung, -en** 映画の上映

r **Eindruck, -drücke** 印象   *r* **Kriegsfilm, -e** 戦争映画   *e* **Wiedervereinigung, -en** 再統一、再統合

r **Regisseur, -e** 演出家、映画監督、ディレクター

r **Hauptdarsteller, -** / *e* **Hauptdarstellerin, -nen** 主演俳優   *r* **Wettbewerb, -e** 競技会

1-58

Wenn man nach den Pionieren des Films fragt, werden häufig die Brüder Lumière oder Thomas Alva Edison und sein Chefingenieur William K. L. Dickson genannt, weil Dickson und Edison 1888-1893 das Kinetoskop und die Brüder Lumière 1895 den Kinematografen erfanden. Gleichzeitig wurde in Deutschland die Filmkamera erfunden. Aber die erste Filmkamera wurde eigentlich von dem Pionier Louis Le Prince im Jahr 1888 fertiggestellt. Er wird als der wahre „Vater der Kinematografie" bezeichnet, weil er mit seiner Filmkamera die ersten „bewegten Bilder" drehte.

Die Brüder Skladanowsky zeigten im Wintergartenpalais in Berlin am 1. November 1895 ihre kurzen Filme mit einem „Bioskop" genannten Projektionsapparat. Diese Veranstaltung gilt als die erste öffentliche Filmvorführung mit Eintrittsgebühren in Europa, die auf eine Leinwand projiziert wurde. Aber diese früheren Filme waren meist nur wenige Sekunden bis Minuten lange Filme und außerdem Stummfilme.

Welche Eindrücke haben Sie von deutschen Filmen? Sicher denken viele Leute zuerst an deutsche Kriegsfilme oder Nazifilme wie „Der Untergang". Natürlich gibt es auch in Deutschland viele Kriegsfilme. Aber Deutschland hat nicht nur Kriegsfilme, sondern auch viele andere gute Filme zu anderen Themen wie der DDR, zur deutschen Wiedervereinigung, Fußball, Musik usw. Einige Fußballfilme wie zum Beispiel „Der ganz große Traum" oder „Das Wunder von Bern" sind sehr berühmt und beliebt. Einer der beliebtesten Filme ist „Good Bye Lenin!". Der Film „Das Leben der Anderen" ist auch sehr bekannt.

Fatih Akin ist einer der wichtigsten Regisseure der deutschen Filmindustrie. Für seinen Spielfilm „Gegen die Wand" (2004) wurde er mit dem Goldenen Bären, dem Deutschen Filmpreis und dem Europäischen Filmpreis ausgezeichnet. 2018 wurde sein Film „Aus dem Nichts" mit dem Golden Globe für den besten fremdsprachigen Film ausgezeichnet. Hauptdarstellerin Diane Kruger gewann 2017 beim Wettbewerb der Internationalen Filmfestspiele von Cannes den Preis als beste Schauspielerin. Wer sich für deutsche Filme interessiert, der sollte die Filme von Fatih Akin sehen.

1 Richtig(r) oder falsch(f)?

r f

a) Die Brüder Skladanowsky haben den Kinematografen erfunden. ☐ ☐

b) Die ersten Filmvorführungen mit Eintrittsgebühren fanden 1895 statt. ☐ ☐

c) In Deutschland gibt es nur Kriegsfilme. ☐ ☐

d) „Das Wunder von Bern" behandelt den Zweiten Weltkrieg. ☐ ☐

e) Fußballfilme sind sehr beliebt. ☐ ☐

2 Fragen zum Text

a) Wer drehte die ersten bewegten Bilder mit der Filmkamera?

b) Welche Eindrücke hat man von deutschen Filmen?

c) Welche Filmpreise hat Fatih Akin schon gewonnen?

Partnerarbeit

「動く絵」に関わる語彙です。どんなものか調べてみましょう。

Zoetrop

Phenakistiskop

Daumenkino

Louis Le Prince

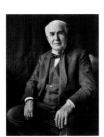
Thomas Edison

Brüder Lumière

„Bioskop" Werbeplakat
für Filmvorführungen der
Gebrüder Skladanowsky

1　与えられた語句を参考にして、ドイツ語の文を完成させましょう。

1) Wir (　　　　) (　　　　) auf Berlinale.　　　　　　　　　sich⁴ auf ~⁴ freuen
   私たちはベルリン国際映画祭 (e) を楽しみにしています。

2) Felix (　　　　) (　　　　) die DVD (　　　　).　　　　　sich³ ~⁴ an|sehen
   フェリックスはその DVD (e) を（関心を持って）見ます。

3) (　　　　　　　　　) ihr (　　　　) für Fußballfilme?　　　sich⁴ für ~⁴ interessieren
   君たちはサッカー映画（無冠詞）に興味があるの？

4) Die Dame (　　　　) (　　　　) auf die Bank im Park.　　　sich⁴ setzen
   その婦人は、公園のベンチに座ります。

5) (　　　　　　　　　) ihr (　　　　) an eure Schulzeit?　　　sich⁴ an ~⁴ erinnern
   君たちは（君たちの）学校時代を覚えてる？

2　与えられた語を使って、必要ならば変化させて作文しましょう。

1) sich³ ~⁴ vor|stellen / deine Zukunft / können / du
   君は（君の）将来 (e) を想像できる？

2) sich⁴ für ~⁴ interessieren / du / der Kriegsfilm　　君はその戦争映画 (r) に興味がある？

3) sich⁴ über ~⁴ freuen / die Schauspielerin / der Preis
   その俳優 (e) は賞 (r) を喜んでいる。

4) sich⁴ an ~⁴ erinnern / ihr / noch / der Drehbuchautor
   君たちはその脚本家 (r) のことをまだ覚えている？

5) sich³ ~⁴ merken / ich / unser Hochzeitstag　　私は私たちの結婚記念日 (r) を覚えておく。

文法補足　再帰動詞と所有の３格

sich⁴ schminken　　sich⁴ rasieren　　sich³ die Zähne putzen　sich³ die Hände waschen

Ich schminke mich.　　Er rasiert sich.　　Ich putze mir die　　Er wäscht sich die
　　　　　　　　　　　　　　　　　　　　　　　　Zähne.　　　　　　　Hände.

再帰代名詞の３格は「自分自身に・自分自身のために」という意味を表すほか、体の部位を表す名詞とともに用いいられて「自分の」（所有者）という意味を表します。

不定関係代名詞　Relativpronomen – wer, was

不定代名詞 **wer**「〜する人」、**was**「〜すること・もの」は、先行詞をそれ自体に含む代名詞で、先行詞がない、または不定代名詞や名詞化した形容詞の最上級が先行詞などの限られた場合に用いられます。

1格	wer	was
2格	wessen	
3格	wem	
4格	wen	was

wer「〜する人」：先行詞なしで用いられる。

was「〜すること、もの」：先行詞がある場合にもない場合にも用いられる。

　　Wer lügt, [der] stiehlt auch.　　　　　嘘をつくものは、また盗む（嘘は泥棒の始まり）。

　　Wen wir kennen, **den** begrüßen wir.　　私たちが知っている人に、私たちは挨拶します。

　　Was du sagst, [das] verstehe ich nicht.　君の言っていることを、私は理解できません。

先行詞が alles, nichts, etwas などの不定代名詞や名詞化した形容詞の最上級（das Beste）の場合、関係代名詞として was を用います。

　　Das ist alles, was ich weiß.　　　　　これが私が知っているすべてです。

　　Das ist das Beste, was ich tun kann.　これが私に出来る最上のことです。

1　（　　）に適切な不定関係代名詞 was, wer, wen を入れましょう。

1) Das Beste, (　　　　　) ich jetzt tun kann, ist abwarten.
　　いま、私にできる最良のことは、ただ待つことです。

2) Hast du etwas, (　　　　　) wir essen können?
　　何か食べられるものはある？

3) (　　　　　) ich zuerst treffe, den will ich fragen.
　　最初に出会う人に尋ねるつもりです。

4) (　　　　　) einmal lügt, dem glaubt man nicht.
　　一度嘘をついた者を誰も信じません。

5) Mein Vater hat mir alles erzählt, (　　　　　) damals passiert war.
　　私の父は（私に）、当時起こったことをすべて話してくれました。

2　次のドイツ語のことわざと合う日本語を選びましょう。

1) Wer nicht arbeitet, soll auch nicht essen.

2) Wen die Götter lieben, der stirbt jung.

3) Was von Herzen kommt, geht zu Herzen.

4) Wer zwei Hasen auf einmal jagt, fängt keinen.

5) Wer zuerst kommt, mahlt zuerst.

A) 早い者勝ち
B) 働かざる者、食うべからず
C) 佳人薄命
D) 二兎を追う者は一兎をも得ず
E) 以心伝心

Hören

1-59

1 音声を聞いて答えましょう。Hören Sie und antworten Sie!

1) Wie oft hat Ben gestern Nina angerufen?

2) Wie viele DVDs hat Nina gestern Abend gesehen?

3) Was hat Ben?

1-60

2 音声を聞いて（　　）に適切な語を入れましょう。

A: Was willst du am Wochenende machen?

B: Ich gehe mit meiner Freundin ins Kino.

A: Was läuft jetzt im Kino?

B: „Der Himmel über Berlin" in EUROSPACE.

A: Den kenne ich nicht. Ist das ein alter Film?

B: Ja. (　　　) deutsche Filme liebt, sollte (　　　) den Film

einmal ansehen. Hast du schon einmal einen deutschen Film gesehen?

A: Ja, ich habe schon einige deutschen Filme gesehen. Mein Lieblingsfilm ist „Im

Juli". Ich interessiere (　　　) sehr für den Regisseur dieses Films.

Blu-ray 発売中
発売元／販売元：TC エンタテインメント ㈱
提供：東北新社
© Wim Wenders Stiftung – Argos Films 2017

 Sprechen
1-61

パートナーと好きなアニメ、映画、おすすめの映画などについて話しましょう。

Was ist dein Lieblingsanimationsfilm?

Hast du schon einmal einen deutschen Film gesehen?

Welchen Film empfiehlst du deinem Partner / deiner Partnerin?

Wim Wenders

© Wim Wenders Stiftung – Argos Films 2017

Wim Wenders は、ドイツで最も重要な映画監督の一人
であり、ニュー・ジャーマンシネマの担い手でもあった。
1967 年からミュンヘン映画大学で学び、映画製作を開
始。映画論評などにたずさわる傍ら、1970 年に卒業製
作 *Summer in the City* を製作し、1972 年に『ゴール
キーパーの不安』(*Die Angst des Tormanns beim*
Elfmeter) で映画監督としてデビューした。1980 年代以降、『パリ、テキサス』(*Paris,*
Texas) や『ベルリン・天使の詩』(*Der Himmel über Berlin*) などの映画で世界的な名
声を獲得した。1991 年から 1996 年まで、ヨーロッパ映画アカデミーの会長を、2002
年から 2017 年までハンブルク芸術大学で映画科の教授も務めた。

Regisseure

Fatih Akin　ハンブルクでトルコ系ドイツ人（2 世）として生まれる。高校時代から俳優、自主製作映画を撮っていた。1993 年よりハンブルクの映画プロダクションで働く。36 歳で世界 3 大映画祭すべてで賞を獲得した、ドイツを代表する映画監督。代表作は、『愛より強く』（*Gegen die Wand*）、『そして、私たちは愛に帰る』（*Auf der anderen Seite*）、『女は二度決断する』（*Aus dem Nichts*）など。

Florian Henckel von Donnersmarck　ケルン出身のドイツ、オーストリアの映画監督、脚本家。幼少期をニューヨーク、ベルリン、フランクフルト、ブリュッセルで過ごし、ロシアのサンクトペテルブルクの国立 IS 研究所でロシア語を学んだ後、短期間ロシア語教師として働いた。1993 年から 1996 年までオックスフォード大学ニューカレッジで哲学、経済、政治学を学んだ。リチャード・アッテンボロー監督の助手としてキャリアをスタートし、ミュンヘン・テレビ映画大学（MFF）で学び、卒業製作の『善き人のためのソナタ』（*Das Leben der Anderen*）は第 79 回アカデミー賞外国語映画賞を受賞。

Jan-Ole Gerster　ハーゲン出身の映画監督、脚本家。救急隊員としての見習いを終えたのち、ベルリンの映画会社でインターンシップを行った。その後、ヴォルフガング・ベッカー監督のもとで『グッバイ、レーニン！』（*Good Bye Lenin!*）にかかわる。2003 年よりベルリン映画テレビアカデミーで監督と脚本を学ぶ。2012 年に発表した卒業制作映画『コーヒーをめぐる冒険』（*Oh Boy*）はドイツアカデミー賞で 6 部門を受賞。

Filme

『おじいちゃんの里帰り』（*Almanya-Willkommen in Deutschland,* 2011）

ドイツでは 1950 ～ 60 年代に労働者不足を補うため、100 万人の外国人労働者「ガストアルバイター」を受け入れた。トルコからの労働者が最も多かった。映画では、1964 年に 100 万と 1 人目のガストアルバイターとしてドイツに移り住み、のちには家族も呼び寄せて、今や大家族のおじいちゃんとなった主人公フセインが「トルコに家を買った」と話すところから始まる。トルコへの家族旅行を提案するも、気乗りしない家族たち。それでもフセインの強い思いに押し切られ、一家はトルコへ行くことに。半世紀ぶりに故郷のトルコへ帰るおじいちゃんと、ドイツで生まれ育った家族たちの 3 世代のそれぞれの想いを抱えた旅が始まるが…。

『帰ってきたヒトラー』（*Er ist wieder da,* 2015）

主人公が「総統本部」のあった場所で目覚めるところから始まる。その後、お笑い芸人としてデビューし、ネオナチに襲われたりする。蘇ったヒトラーと、ヒトラーそっくりな「芸人」に対する現代人の反応を描く。映画では出演人物の映画内の Vorname（日本語でいう下の名前）は、俳優自身の名前を使って、「現実としてありうる」ことを意図している。また、ヒトラーが目覚める年も変更されている。最後に、ドイツ国内での難民や外国人排斥のデモなどの映像も流れる。ブラックコメディーであり、真剣に「今のドイツ」を考える手がかりを与える。原作はティムール・ヴェルムシュの同名小説（2012 年）。

DVD 発売中
発売元／販売元：ギャガ
©2015 Mythos Film Produktions GmbH & Co. KG Constantin Film Produktion GmbH Claussen & Wöbke & Putz Filmproduktion GmbH

Deutsch-japanische Gemeinschaftsproduktion

『新しき土』（*Die Tochter des Samurai*）は、1937 年公開の日独合作映画。山岳映画の巨匠、アーノルト・ファンクと伊丹万作の共同での監督の予定だったが、意見の相違から、ファンク版と伊丹版がそれぞれ製作された。ファンクの監督作品のほうが有名。ヒロインは名俳優の原節子。撮影には円谷英二も協力している。1989 年に公開された『舞姫』（*Die Tänzerin*）では、主役を演じた郷ひろみが流暢なドイツ語を披露している。

Deutsche Wiedervereinigung

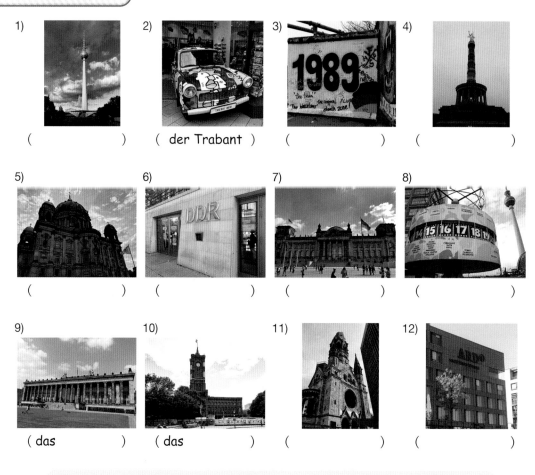

Ordnen Sie zu!

1) (　　　　　)　2) (der Trabant)　3) (　　　　　)　4) (　　　　　)

5) (　　　　　)　6) (　　　　　)　7) (　　　　　)　8) (　　　　　)

9) (das　　　　)　10) (das　　　　)　11) (　　　　　)　12) (　　　　　)

e Berliner Mauer　r Berliner Fernsehturm　e Siegessäule　e ARD
r Trabant　s Altes Museum　r Alexanderplatz　s Rotes Rathaus　r Reichstag
r Berliner Dom　s DDR Museum　e Kaiser-Wilhelm-Gedächtniskirche

Übung 1　パートナーと会話しましょう。 Sprechen Sie zu zweit/in der Gruppe!

1-62

A: Was ist Nummer _2_?　　B: Das ist (**der Trabant**).

A: Wofür steht　_DDR_?

B: DDR ist die Abkürzung für „Deutsche Demokratische Republik".

Übung 2　音声で確認しましょう。

Dialog 1

1-63

A: Hast du am Wochenende etwas vor? Wollen wir ins DDR Museum gehen?

B: Leider habe ich keine Zeit. Am Montag muss ich nicht nur eine Prüfung ablegen, sondern auch ein Referat halten. Deshalb muss ich unbedingt zu Hause lernen und das schon geschriebene Referat noch einmal überprüfen.

A: Schade!

Dialog 2

1-64

A: Welche Sehenswürdigkeiten in Berlin muss man unbedingt gesehen haben?

B: Ich glaube, es gibt in Berlin unzählbar viele Sehenswürdigkeiten.
   Hast du schon mal die East Side Gallery besucht?

A: Nein, noch nicht.

B: Die East Side Gallery ist eines der bedeutendsten historischen Relikte.

A: Interessant! Und was sonst noch?

B: Ich empfehle dir das Brandenburger Tor, die Museumsinsel und die Gedenkstätte Berliner Mauer.

A: Am Wochenende will ich die East Side Galley und die Gedenkstätte Berliner Mauer besuchen!

Quiz 次のことばを旧東ドイツでは何と言ったでしょう？（参照：https://www.derdiedas.jp）

1) Weihnachtsmann（サンタクロース）　　　（　）　　a) Kaufthalle

2) Hotdog（ホットドッグ）　　　　　　　　（　）　　b) Kosmonaut

3) Astronaut（宇宙飛行士）　　　　　　　　（　）　　c) Plaste

4) Supermarkt（スーパーマーケット）　　　（　）　　d) Jahresendmann

5) Kunststoff（プラスティック）　　　　　　（　）　　e) Ketwurst

Was ist „SPU"?

東ドイツでは、公共の場で音楽の演奏をしたり、DJ をするために、国家資格「レコード盤エンターテイナーのための国家演奏ライセンス（Staatliche Spielerlaubnis für Schallplattenunterhalter）」、通称「ダンボール（Pappe）」が必要だった。取得には訓練コースの受講が義務付けられていた。SPU はライセンス取得者を総称して呼んだ「国家認定レコードエンターテイナー（die staatliche geprüfte Schallplattenunterhalter）」を略したものである。

Wortschatz

e DDR（略）東ドイツ (Deutsche Demokratische Republik)　negativ ネガティブな

e Partei, -en 党　Stasi 国家保安省 (Staatssicherheitsdienst) の略　rund um die Uhr 四六時中

überwachen 監視する　*r* inoffizieller Mitarbeiter, - 非公式協力者　schlimm 困った、ひどい

e Sehnsucht, -süchte 憧憬、切望　alltäglich 毎日の、日常の

1-65

　Von 1949 bis 1990 gab es zwei deutsche Staaten und mit Bonn und Ostberlin zwei deutsche Hauptstädte. Deutschland war in zwei Teile geteilt. Seit dem Mauerfall gibt es die DDR, und die alte BRD, die deutsche Teilung nicht mehr.

　Die DDR entstand 1949 aus der damaligen sowjetischen Besatzungszone. Viele haben nur negative Eindrücke vom Leben in der DDR. Sie haben davon gehört, dass die Menschen in der DDR nicht frei leben konnten. Denn die Menschen in der DDR hatten kein freies Wahlrecht und die Macht lag alleine bei einer Partei. Während der DDR-Zeit lebten die Menschen in Angst vor dem Ministerium für Staatssicherheit, der „Stasi". Die Leute wurden rund um die Uhr überwacht, und sie konnten ihre Meinung nicht frei äußern. Die Menschen wurden sogar dazu angehalten, sich gegenseitig zu überwachen. Manchmal konnte man seinen Nachbarn und sogar seiner eigenen Familie nicht trauen. Die Stasi hatte „inoffizielle Mitarbeiter". Gerhard Gundermann, der ein Liedermacher und Rockmusiker war, war auch inoffizieller Mitarbeiter.

　Aber manche Leute, die einst dort lebten, erinnern sich an die alten Zeiten und sagen: „Das Leben in der DDR war nicht so schlimm." Dieses Gefühl heißt „Ostalgie". Unter dem Begriff „Ostalgie" wird eine nostalgische Sehnsucht nach alltäglichen Lebensformen in der DDR verstanden. In der DDR galt das Prinzip des Sozialismus, also wurden Privateigentum und Wirtschaft verstaatlicht. Deshalb gab es zwar ärmere und reichere Menschen in der DDR, doch die Kluft war nicht so groß wie jetzt.

　Der Trabant, der in der DDR „Trabi" hieß, ist ein Symbol, das an die alte DDR erinnert. Damals war Blech in der DDR Mangelware, deshalb bedienten sich die Autobauer neuer Materialien, die vorhanden waren, wie zum Beispiel neuartiger Kunststoffe. In der DDR erhöhte sich die Automobilproduktion zwar fortlaufend, dennoch musste man manchmal extreme Wartezeiten auf Neuwagen von mehr als zehn Jahren in Kauf nehmen. Der Trabant ist ein bedeutendes Symbol der Ostalgie und wird noch heute von den Menschen geliebt.

1 Richtig(r) oder falsch(f)?

r f

a) In Allgemeinen hat man nur positive Eindrücke vom Leben in der DDR. ☐ ☐

b) In der BRD haben sich die Menschen gegenseitig überwacht. ☐ ☐

c) Das Nostalgiegefühl für die DDR heißt „Ostalgie". ☐ ☐

d) In der DDR war die Kluft zwischen ärmere und reichere Menschen
so groß wie jetzt. ☐ ☐

e) Ein Trabant bestand nur aus Eisen. ☐ ☐

2 Fragen zum Text

a) Was ist die Abkürzung für „Staatssicherheitsdienst"?

b) Was versteht man unter dem Begriff „Ostalgie"?

c) Wie heißt das bekannteste Auto in der DDR?

Denkmal für die ermordeten
Juden Europas

Checkpoint Charlie

East Side Gallery

文法補足：冠飾句

現在分詞や過去分詞に様々な修飾句（修飾語）がついたものを冠飾句と言い、関係文で言い換えることができます。冠飾句は分詞を名詞の修飾語として扱うとき、この分詞に副詞句などの情報を付加した「形容詞句」で、分詞は修飾する名詞の直前に置かれます。

【冠詞類＋付加情報＋分詞（＋形容詞語尾）＋名詞】 ＊無冠詞の場合もある。

Der in der vordersten Reihe **sitzende** Mann ist mein Sohn. (sitzen – **sitzend**)

= Der Mann, der in der vordersten Reihe sitzt, ist mein Sohn.

最前列に座っているのは私の息子です。

Das Brandenburger Tor ist ein in den Jahren von 1789 bis 1793 auf Anweisung des preußischen Königs Friedrich Wilhelm II **errichtete** Triumphftor.

= Das Brandenburger Tor ist ein Triumphftor, das in den Jahren von 1789 bis 1793 auf Anweisung des preußischen Königs Friedrich Wilhelm II errichtet wurde.

ブランデンブルク門は、プロイセン王フリードリヒ・ヴィルヘルム２世の命令によって1789年から1793年にかけて建設された凱旋門です。

1　(　　　) に適切な接続詞を補いましょう。

> oder　　also　　deshalb　　denn　　dann

1) Mia kommt heute nicht zur Uni, (　　　　) sie ist krank.
   ミアは今日大学に来ません、というのは彼女は病気だからです。

2) Seit 10 Jahren wohnt Megumi in Charlottenburg, (　　　　) kennt sie sich in Berlin gut aus.
   メグミは10年前からシャルロッテンブルクに住んでいます、それゆえベルリンに精通しています。

3) Was hören Sie lieber, Hip Hop (　　　　) Techno?
   あなたはヒップホップとテクノのどちらをより好んで聴きますか？

4) Wenn das Wetter schön ist, (　　　　) gehen wir morgen im Tiergarten spazieren.
   天気が良ければ、（そうすれば）私たちは明日ティーアガルテンを散歩します。

5) Ich denke, (　　　　) bin ich.　　我思う、故に我あり。

> sich⁴ 場所 aus|kennen ～の事情に精通している

2　接続詞を用いて、以下の文をつなげましょう。

1) Morgen muss ich nach Japan zurückfliegen. Ich will heute die Museumsinsel unbedingt besuchen.　　　　　　　　　　deshalb

2) Es regnet heftig. Die Kinder spielen draußen Fußball.　　　　trotzdem

3) Die Berlinale findet im Februar statt. Ich fahre nächstes Jahr nach Berlin.　　also

4) Ich muss sofort einkaufen gehen. Ich habe heute nichts zu essen.　　sonst

5) Ich gehe heute mit Lena ins Café. Wir gehen ins Kino.　　　　dann

---

文法補足　相関接続詞

複数の接続詞を用いて、文章や語句を結びつける接続詞を**相関接続詞**と呼びます。
nicht A, sondern B　AではなくてBである　　　nicht nur A, sondern auch B　AだけでなくBも
zwar A, aber B　確かにAだが、しかしBである　entweder A oder B　AかまたはB
sowohl A (,) als auch B　AもBも　　　　　　weder A (,) noch B　AでもBでもない
Mein Sohn ist **nicht nur** klug, **sondern auch** sehr sportlich.
私の息子は賢いだけでなく、とてもスポーツマンでもある。

現在分詞と過去分詞　Partizip Präsens und Partizip Perfekt

ドイツ語の分詞には「〜している」という意味を表す**現在分詞**と、「〜した（自動詞）」あるいは「〜された（他動詞）」という意味を表す**過去分詞**があります。ただし、ドイツ語の現在分詞は「現在進行形」としては用いません。

1）現在分詞：「不定詞 +d」　＊例外 : sein-**seiend**, tun-**tuend**

laufen → laufend （持続的な、絶え間ない、現在の、現行の）

Im **laufenden** Programm steht auch der Film „Das **fliegende** Klassenzimmer".

現在のプログラムには『飛ぶ教室』も載っています。

2）過去分詞（他）　schließen → geschlossen （閉じられた）

Der Alte stand hilflos vor der **geschlossenen** Tür.

その老人は閉じた扉の前で力なく立ちつくした。

過去分詞（自）　vergehen → vergangen （過ぎ去った）

Am **vergangenen** Wochenende hatte ich Besuch.

この前の週末は来客があった。

3）名詞化：現在分詞や過去分詞は名詞化することもでき、形容詞の格変化語尾を付けます。

studieren – studierend: **der** Studierende, **die** Studierende　大学生

folgen – folgend: Folgend**es**　以下のこと、次のこと　　im Folgend**en**　以下に、次に

versterben（自）– verstorben: **der** Verstorbene, **die** Verstorbene　故人

an|stellen（他）– angestellt: **der** Angestellte, **die** Angestellte　サラリーマン、社員、職員

1 次の分詞を名詞化しましょう。

1）reisen – reisend　　　der _____ / die _____　旅行者
2）lernen – lernend　　　der _____ / die _____　学習者
3）vorsetzen – vorgesetzt　der _____ / die _____　上司
4）verlieben – verliebt　　der _____ / die _____　恋人
5）verletzten – verletzt　　der _____ / die _____　負傷者、けが人

2 与えられた動詞を分詞にし、語尾を補って（　）に入れましょう。

1）In der (　　　) Nacht hat es viel geschneit.　　　vergehen -_____
2）Die ausländischen (　　　) sind sehr fleißig.　　　studieren-_____
3）Ich interessiere mich sehr für den (　　　) Film.　laufen　-_____
4）Der Regisseur mag (　　　) Eier.　　　kochen　-_____
5）Ich will im (　　　) Jahr die East Side Gallery besuchen.　kommen -_____

1 音声を聞いて答えましょう。Hören Sie und antworten Sie!

1-66

1) Welchen Film hat Riko schon gesehen?

2) Wofür interessiert sich Riko?

3) Wann will Riko das Museum „Haus am Checkpoint Charlie" besuchen?

2 音声を聞いて（　）に適切な語を入れましょう。

1-67

A: Kennst du die Sängerin Nina Hagen?

B: Nein. Ist sie berühmt?

A: Ja, sie ist sehr bekannt! Nina Hagen ist eine in der ehemaligen Hauptstadt der DDR (　　　) Sängerin. Und sie ist (　　　) nur die deutsche „Godmother of Punk", (　　　) auch Schauspielerin. Bei ihrem Abschied hat Angela Merkel ihr Lied „Du hast den Farbfilm vergessen" spielen lassen.

B: Sehr interessant! Ich möchte ihre Lieder hören!

1-68

・東ドイツ出身のミュージシャン、映画俳優、監督などについて話してみましょう。

> Kennst du Musik-Stars/Schauspieler/Regisseure aus der DDR?

・旧東ドイツの州を調べて話してみましょう。

> Welche Bundesländer gehörten zur ehemaligen DDR?

Du hast den Farbfilm vergessen

> ドイツ連邦首相の退任式では、連邦軍のオーケストラが退陣する首相の希望の曲を演奏することになっている。歴代首相がクラシックなどを選択するなか、メルケル元首相は、ニナ・ハーゲンの『カラーフィルムを忘れたのね』（*Du hast den Farbfilm vergessen*）、ヒルデガルト・クネーフの『私のために赤いバラの雨が降る』（*Für mich soll's rote Rosen regnen*）、聖歌から『われ神をほめ』（*Großer Gott, wir loben dich*）を選曲した。『カラーフィルムを忘れたのね』は、恋人であるミヒャエル（mein Micha）とヒデンゼー島に旅行に行ったのにカラーフィルムを忘れたせいで写真がモノクロになってしまったことを嘆く内容の歌詞で、当時の抑圧された「東ドイツ社会」の色のない（暗い）世界を批判している。

Mein Gott, hilf mir, diese tödliche Liebe zu überleben

Dmitri Wladimirowitsch Wrubel による「神よ、この死に至る愛の中で我を生き延びさせ給え」(1990) と題された、ベルリンの壁の有名なグラフィティ・アートの一つ。オリジナルの写真は 1979 年のドイツ民主共和国（旧東ドイツ）建国 30 周年を祝う式典で撮影された、ブレジネフとホーネッカーの接吻。

Platz des 18. März

1848 年の 3 月革命と 1990 年の東ドイツにおける最初の「ドイツ民主共和国人民議会選挙」を記念する目的として、ブランデンブルク門の前の広場が、1997 年と 1999 年に名称変更することが決定され、正式には 2000 年 6 月 15 日以降、「3 月 18 日広場 (Platz des 18. März)」と改名された。

Bahnhof Berlin Friedrichstraße

ベルリン中心部の Mitte 地区にある駅で、ベルリンを南北に走るフリードリヒ通りとシュプレー川との交差地点付近にある。東西ドイツ分断時は東ベルリン側にあり、西側からの列車の乗り入れがあったため、国境の駅としての役割もあった。ベルリンの壁が建設された 1961 年 8 月 13 日の直後、駅は移行段階を経て分断された。

Filme über die DDR

『バルーン　奇蹟の脱出飛行』 *Ballon* (2018)

東西冷戦下の東ドイツから脱出しようとする二家族の軌跡を、実話を基に描いたサスペンス映画。2 年間の準備期間を経て、手作りの熱気球を使って西ドイツへの脱出を試みるが、一度目は不時着に終わる。この失敗によって、シュタージによる国家の威信をかけた捜査が彼らに迫ってくる。また、周囲の「監視」にさらされる中で、新しい計画を実行に移そうとする家族の葛藤や焦燥を描く。公式サイト：balloon-movie.jp

『希望の灯り』 *In den Gängen* (2018)

ライプツィヒの近郊にある巨大スーパーマーケットの在庫管理係として働き始めた主人公とそこで働く「旧東ドイツ」出身の、ちょっと風変りだが、心優しい素朴な人々の心の葛藤を描く。主人公に仕事を教える中年男性、主人公が恋する魅力的な年上の女性マリオン、他の同僚たちもみな、それぞれに心の痛みを抱えている。映画の後半に悲しい出来事が起こる。しかし、彼らはその悲しみをそっと受けとめてまた生活していく。統一後の「東ドイツ」の人々を描いた名作。原作は、クレメンス・マイヤー「夜と灯りと」(Die Nacht, die Lichter, 2018)。公式サイト：kibou-akari. ayapro.ne.jp

DVD レンタル中／デジタル配信中
配給：彩プロ
© 2018 Sommerhaus Filmproduktion GmbH

Historischer Irrtum

1989 年 11 月 9 日午後 6 時、東ドイツ政府の定例記者会見。党中央委員会に提出された新しい政令案「ビザを申請すればだれでも国外への旅行を許可する」は旅行の自由化を意味していた。イタリアの特派員が発効の時期について質問すると、„Das tritt nach meiner Kenntnis – ist das sofort, unverzüglich" (私の知る限りでは即座に) と返答。この歴史的な失言によって、国境に東ドイツ市民が殺到し、ベルリンの壁が崩壊への契機となった。本当は「翌日に発効」、ビザも必要だったが、この発言がきっかけで検問所のゲートが解放された。歴史が動いた瞬間だった。

Lektion 10

Jahresende

Ordnen Sie zu!

1) (Stollen)

2) ( )

3) ( )

4) ( )

5) ( )

6) ( )

7) ( )

8) ( )

9) ( )

---

ein Adventskranz   ein Weihnachtsmarkt   s Feuerwerk
ein Karussell   ein Adventskalender   s Weihnachtsplätzchen, -
~~r Stollen~~   ein Weihnachtsbaum   r Glühwein

🎧 **Übung 1** パートナーと会話しましょう。Sprechen Sie zu zweit/in der Gruppe!

1-69

A: Was ist Nummer __1__ ?   B: Das ist (**Stollen**).

Übung 2 音声で確認しましょう。

Dialog 1

1-70

A: In unserem Deutschkurs muss man ein Referat über Deutschland halten. Hättest du eine Idee, worüber ich sprechen könnte?

B: Wie wäre es mit Weihnachten in Deutschland? Weihnachten ist ja bei uns das größte Fest im Jahr.

A: Keine schlechte Idee.

> worüber (über+was の融合形) 何について　　wie wäre es mit ~ 〜はどうですか？

 Dialog 2

1-71

B: Du kannst zum Beispiel über Weihnachtsmärkte in Deutschland erzählen. Der Weihnachtsmarkt in Nürnberg ist sehr schön und gehört zu den ältesten Weihnachtsmärkten in Deutschland.

A: Das klingt gut!

 クリスマスに食べられるスイーツです。どこの国のお菓子でしょう？

Turrón　　Lebkuchen　　Makowiec　　Christmas Pudding　　Panettone　　Bûche de Noël

1-72

Weihnachten ist das wichtigste christliche Fest in Deutschland. Der erste (der 25.) und der zweite (der 26.) Weihnachtstag sind Feiertage in Deutschland und man verbringt sie häufig mit der Familie. Aber die Weihnachtszeit fängt schon mit dem 1. Advent an, also vier Wochen davor. Das Haus wird weihnachtlich geschmückt und bleibt es auch bis in den Januar hinein. Man zündet die erste Kerze des Adventskranzes an. In vielen Städten öffnen die Weihnachtsmärkte. Besonders bekannt ist der Weihnachtsmarkt in Nürnberg. Dort isst man eine Bratwurst oder gebrannte Mandeln und trinkt Glühwein. Kinder drehen gerne eine Runde auf dem Karussell.

Am 1. Dezember öffnet man die erste Tür vom Adventskalender. Kinder öffnen jeden Tag bis zum Heiligabend das Türchen des Tages und finden dort Süßigkeiten oder kleine Geschenke.

Der 6. Dezember ist der Nikolaustag. Es ist Brauch, dass Kinder am Abend vor dem Nikolaustag ihre geputzten Schuhe vor die Tür stellen. Der Nikolaus füllt diese dann mit Nüssen, Mandarinen und Süßigkeiten. Der Nikolaus hat einen Begleiter namens Knecht Ruprecht. Er bestraft die Kinder, die unartig waren.

In den Familien werden in dieser Zeit Weihnachtsplätzchen und Stollen gebacken. Der Weihnachtsbaum wird aufgestellt und geschmückt. Dann ist endlich Heiligabend, der 24. Dezember. Manche Familien besuchen den Weihnachtsgottesdienst und essen zu Hause eine Weihnachtsgans, Karpfen oder was in ihrer Familie sonst Tradition hat. Was würden Sie gerne machen, wenn Sie zur Weihnachtszeit in Deutschland wären?

Silvester feiert man oft mit Freunden. Es werden Feuerwerke gekauft und Raketen gezündet. In Deutschland sind private Feuerwerke wegen der hohen Verletzungsgefahr und Umweltverschmutzung eigentlich verboten, aber vom 31. Dezember bis zum 1. Januar sind sie ausnahmsweise erlaubt. Um Mitternacht am Neujahrstag sieht man dem Feuerwerk zu, das alle Menschen zusammen in den Himmel schießen.

Textverständnis

1 Richtig(r) oder falsch(f)?

r f

a) In Deutschland verbringt man Weihnachten häufig mit Freunden. ☐ ☐

b) Am 1. Advent zündet man die erste Kerze des Adventskranzes an. ☐ ☐

c) Auf dem Weihnachtsmarkt wird Glühwein angeboten. ☐ ☐

d) Der 1. Dezember ist der Nikolaustag. ☐ ☐

e) An Weihnachten sieht man immer mit seiner Familie dem Feuerwerk zu. ☐ ☐

2 Fragen zum Text

a) Wann sind die Weihnachtstage?

b) Was kann man auf dem Weihnachtsmarkt machen?

c) Was machen manche Familien traditionell am Heiligabend?

Partnerarbeit

クリスマスに関わる英語です、ドイツ語でなんというか調べてみましょう。

Merry Christmas!	the present
Santa Claus (Father Christmas)	Christmas Eve
Advent wreath	Advent calendar
the Christmas market	Christmas tree
the biscuit	the Christmas carol

文法補足　接続法Ⅰ式

➡基本形と人称変化 S.80 参照

接続法Ⅰ式には主に、誰かの発言や考えを内容の真偽を問わず引用する**間接話法**、
特に３人称の人が「〜しますように」と祈ったり願ったりする**要求話法**があります。

間接話法
　直接話法　Er sagte zu mir: „Ich habe Fieber und bin schwer krank.“
　間接話法　Er sagte mir, **er habe** Fieber und **sei** schwer krank.
　　　　　彼は私に、熱があり重病だと言った。

ただし、接続法Ⅰ式と現在形が同形になってしまう場合、接続法ということを明示するために接続法Ⅱ式を用います。
　Sie sagten, sie **hätten** heute keine Zeit für mich.
　　彼らは、今日私のための時間がないと言った。

要求話法
　Gott **schütze** dich!　　神様が君を守ってくださいますように！
　Meine Familie **lebe** hoch!　家族に乾杯！

zu のない不定詞とともに用いる動詞・話法の助動詞に準じる動詞

1 適切な動詞を選び、正しい形にして（　　）に入れましょう。

> hören　lassen　gehen　lernen　sehen　bleiben

1) (　　　　　　) wir heute Abend auf dem Weihnachtsmarkt Glühwein trinken!
   今晩クリスマス市にグリューワインを飲みに行こうよ。

2) Mama, (　　　　　) mich auch Stollen backen!
   ママ、私にもシュトレン焼かせて！

3) Ich (　　　　　) meine Kinder den Weihnachtsbaum schmücken.
   私は、子どもたちがクリスマスツリーの飾りつけをしているのを見る。

4) Mein Sohn (　　　　　) seit seiner Kindheit Orgel spielen.
   息子は子どもの時からパイプオルガン（を弾くの）を習っている。

5) (　　　　　) ihr den Chor Weihnachtslieder singen?
   君たちは、合唱団がクリスマスソングを歌っているのを聞いてる？

6) (　　　　　) Sie bitte sitzen!　どうぞおかけになったままでいてください。

2 werden を適切な形にして（　　）に入れ、意味を確認しましょう。

1) Herr Meyer (　　　　　) heute mit seiner Familie zum Gottesdienst gehen.

2) Ich (　　　　　) im nächsten Semester immer pünktlich zum Unterricht kommen.

3) Du (　　　　　) sofort zu uns kommen.

文法補足　接続法：基本形と人称変化

		接続法 I 式 動詞不定形の語幹 +e			接続法 II 式 過去基本形（e で終わらない場合は +e）		
ich	-	komme	habe	sei	käme	hätte	wäre
du	-st	kommest	habest	sei(e)st	kämest	hättest	wärest
er	-	komme	habe	sei	käme	hätte	wäre
wir	-n	kommen	haben	seien	kämen	hätten	wären
ihr	-t	kommet	habet	seiet	kämet	hättet	wäret
sie	-n	kommen	haben	seien	kämen	hätten	wären
Sie	-n	kommen	haben	seien	kämen	hätten	wären

sein は特別な変化　　　　　幹母音の a, o, u は原則として変音

接続法Ⅱ式　Konjunktiv Ⅱ　　➡基本形と人称変化 S.80 参照

話し手が、ある事柄を事実として述べる（直説法）のではなく、伝聞・仮定として事柄を叙述する話法を**接続法**といいます。接続法にはⅠ式とⅡ式があり、接続法Ⅱ式は**丁寧な依頼**（外交的接続法）や「もし…だったら」という**仮定・非現実の事柄**を表現するときに用います。

1）丁寧な依頼（外交的接続法）

Könnten Sie das Fenster aufmachen?　　窓を開けていただけませんか？

Ich hätte eine Frage.　　質問があるんですが。

2）非現実話法

Wenn ich Millionär wäre, ｜ kaufte ich ein Schloss.

　　　　　　　　　　　　　｜ würde ich ein Schloss kaufen.

主文には **würde** +
不定詞がよく用いられる

　　もし私が億万長者だったら、お城を買うのに。

3）その他の用法

sollte + 不定詞　　Sie sollten regelmäßig Sport treiben.

　　　　　　　　　あなたは定期的に運動をした**方がいい**ですよ。

als ob + 接続法Ⅱ式　Sakura spricht fließend Deutsch, **als ob** sie Deutsche **wäre**.

　　　　　　　　　　さくらは、**まるで**ドイツ人である**かのように**流暢にドイツ語を話す。

wie wäre es mit ~　Wie wäre es mit einer Pause?　休憩してはどうですか？

---

1 与えられた語を接続法Ⅱ式の形にして（　　）に入れ、訳しましょう。

1）（　　　　　　） du mir das Rezept für Stollen geben?　　　　　　　　　könnnen

2）Wir（　　　　　　） gern zwei Glühwein.　　　　　　　　　　　　　　　haben

3）Ich（　　　　　　） gerne kommen, wenn ich Zeit（　　　　　）.　　werden / haben

4）Mein Vater verhält sich, als ob er der Nikolaus（　　　　　　）.　　　sein

5）Bei Halsschmerzen（　　　　　　） man Kräutertee oder Ingwertee trinken.　　sollen

---

2 例にならって接続法Ⅱ式の文を作りましょう。

例 Ich habe einen langen Urlaub. Ich reise nach Deutschland.

　→ Wenn ich einen langen Urlaub hätte, würde ich nach Deutschland reisen.

1）Du hast Zauberkraft. Du siehst deine Zukunft.

　　君に魔法の力があれば、（君の）将来がわかるのに。

2）Ich gewinne im Lotto. Ich gründe eine Firma.

　　（私は）宝くじが当たれば、会社を設立するのに。

3）Ich bin Astronaut. Ich kann ins All fliegen.

　　宇宙飛行士だったら宇宙飛行に行けるのに。

Hören

1 音声を聞いて答えましょう。Hören Sie und antworten Sie!

1-73

1) Was war Sakuras Traumberuf?

2) Warum hat Sakura ihren Traum aufgegeben?

3) Kann sie sich jetzt um ihren Traumberuf bewerben?

> *r* Traumberuf あこがれの職業　*e* Bewerbungsbedingung, -en 応募条件
> jeder, der ... ～の人はだれでも　sich⁴ um ～⁴ bewerben ～⁴ に応募する

2 音声を聞いて（　）に適切な語を入れましょう。

1-74

A: Weihnachten ist ja ein christliches Fest. Feiert man auch in Japan Weihnachten?

B: Ja!

A: Aber die meisten Japaner sind Buddhisten oder Shintoisten, oder?

B: Das (　　　) man so nicht sagen. Es gibt Buddhisten, Shintoisten und auch Christen. Aber viele junge Leute sind atheistisch. Wir feiern trotzdem Weihnachten, aber auf andere Weise als in Deutschland.

A: Interessant! Wie feiert man Weihnachten in Japan?

B: Schon in der Vorweihnachtszeit hört man auf der Straße Weihnachtslieder und erfreut sich an der schönen Weihnachtsbeleuchtung. Die Schaufenster sind weihnachtlich geschmückt. Junge Familien feiern zum Beispiel mit Geschenken und Kuchen für ihre Kinder. Wenn ich eine Freundin (　　　), (　　　) ich an Heiligabend mit ihr schick essen (　　　).

> *pl.* Buddhisten 仏教徒　*pl.* Shintoisten 神道を信仰する人　atheistisch 無神論（者）の
> auf andere Weise als ... …とは異なったやり方で　*e* Weihnachtsbeleuchtung イルミネーション

1-75

日本の年末（Jahresende in Japan）、大みそか（Silvester）、お正月（Neujahr）について話しましょう。

A: Wie feiert man Weihnachten / Silvester / Neujahr in Japan?

B: Zu Weihnachten / Zu Silvester / Zu Neujahr ....

> *e* „Jahresvergessfeier" 忘年会　*s* Geschenk zum Jahresende お歳暮　Großputz machen 大掃除する
> *pl.* Jahreswechsel-Nudeln 年越しそば（Buchweizennudeln そば）　*pl.* Silvesterglocken 除夜の鐘
> der erste Tempel- oder Schreinbesuch 初詣　*s* festliches Essen zu Neujahr おせち料理
> *pl.* Neujahrskarten 年賀状　*s* Taschengeld für das Neujahr お年玉

Weihnachtsmärkte

ドイツ発祥と言われるクリスマス市、その伝統は中世にまで遡る。ドイツ最古の
クリスマス市については諸説あり、バウツェン・ヴァーツラフ市場 Bautzener
Wenzelsmarkt（1384 年）、ドレスデン・ストリーツェルマルクト Dresdener
Striezelmarkt（1434 年）、フランクフルト・アム・マインのクリスマスマーケッ
ト Frankfurter Weihnachtsmarkt（Christkindchesmarkt）（1393 年）など
が挙げられる。しかし当時のクリスマス市には今日のような娯楽性はなく、厳
しい冬が来る前に肉などの食料や日用品を買い置きする機会だった。

今ではドイツだけでも毎年 2,500 箇所以上で開催され、各地に独特のクリ
スマスマーケットがある。アウグスブルクの「クリストキンドレスマルク
ト」Augsburger Christkindlesmarkt では、市庁舎の窓から天使の恰好をし
た子供たちがアドヴェント・カレンダー Adventskalender のように顔をのぞかせ音楽を奏でる「天使の演奏」
Engelspiel に多くの観光客が訪れる。

Stollen

ドイツのクリスマスに欠かせないシュトレン。イースト生地にドライフルーツや
マジパン、ポピーシードなどを練り込んだ焼き菓子で、アドベント（待降節）と
呼ばれるクリスマス前の 4 週間に少しずつ切り分けて食べる習慣がある。表面に
白い粉砂糖をまぶしているため、キリストが真っ白なおくるみに包まれている姿
を象徴する、あるいはシュトレンがドイツ語で「坑道・地下道」を意味することから、トンネルのような外見か
ら名付けられたとも言われる。シュトレンの起源にも諸説あるが、1329 年にザクセン州（州都はドレスデン）
の Naumburg で当時の司教への「クリスマスの贈り物」として捧げられたという記録が残っている。
ドレスデンでは、1994 年からアドベント期間の第 2 土曜日に「シュトレン祭り」が開催される。1730 年、当
時この街を治めていたザクセン選帝侯アウグスト強王が、1.8 トンのシュトレンを振る舞ったという歴史に端を
発するこのお祭りでは、重さ約 4 トン、長さ 4 メートルほどもある巨大なシュトレンを載せた馬車が旧市街をパ
レードする。

Adventskranz

モミの小枝でつくられた待降節のキャンドルを飾るリース。1839 年に神学者 Johann
Hinrich Wichern によって、クリスマスまでの時間を楽しみにする子どものために考え
られたと言われる。彼が考えた最初のアドベンツクランツは、荷馬車の車輪に 4 本の白
い大きなキャンドル、19 ～ 20 本の赤い小さいキャンドル（毎年最初のアドヴェントか
らクリスマスイヴまでの日にちが異なるため数も異なる）が飾られ、月～土曜日には赤い小さいキャンドルに、
日曜日には白い大きいキャンドルに火をつけたと言われる。

Der Nikolaustag

12 月 6 日は「聖ニコラウスの日」。ドイツでは、12 月 5 日の夜にきれいに磨
いた靴や大きな靴下を用意して眠りにつくと、そこに木の実やフルーツ・お菓
子などプレゼントがもらえるという習わしがある。聖ニコラウスは、4 世紀ご
ろ実在した人物で、Myra という町の慈悲深い司祭だった。家計に苦しむ姉妹
の様子を知ったニコラウスは、その家の煙突にお金の入った袋を投げ入れたところ、袋が暖炉の横にあった靴（靴
下）に入ったという話に由来する。聖ニコラウスは、司祭杖と金色の本を持ち歩いており、そこには子供の一年
間の行いが記されているという。ニコラウスは、Knecht Ruprecht（クネヒト・ルプレヒト）と呼ばれる付き人
を連れており、いい子にしていなかった子供を懲らしめると伝えられる。「悪い子」を懲らしめる聖ニコラウス
の同行者は、Krampus, Belsnickel, Zwarte Piet, Le Père Fouettard など地域によってその呼び方は異なる。

主要不規則動詞変化一覧表

不定詞	直説法 現在	直説法 過去	接続法 第2式	過去分詞
beginnen はじめる		**begann**	begänne (begönne)	**begonnen**
bieten 提供する		**bot**	böte	**geboten**
binden 結ぶ		**band**	bände	**gebunden**
bitten たのむ		**bat**	bäte	**gebeten**
bleiben (*s.*) とどまる		**blieb**	bliebe	**geblieben**
brechen やぶる	*du* brichst *er* bricht	**brach**	bräche	**gebrochen**
bringen 運ぶ		**brachte**	brächte	**gebracht**
denken 考える		**dachte**	dächte	**gedacht**
dürfen …してもよい	*ich* darf *du* darfst *er* darf	**durfte**	dürfte	**dürfen** 〈gedurft〉
empfehlen 勧める	*du* empfiehlst *er* empfiehlt	**empfahl**	empföhle (empfähle)	**empfohlen**
entscheiden 決定する		**entschied**	entschiede	**entschieden**
essen たべる	*du* isst *er* isst	**aß**	äße	**gegessen**
fahren (*s.*) 乗り物で行く	*du* fährst *er* fährt	**fuhr**	führe	**gefahren**
fallen (*s.*) 落ちる	*du* fällst *er* fällt	**fiel**	fiele	**gefallen**
fangen 捕える	*du* fängst *er* fängt	**fing**	finge	**gefangen**
finden 見つける		**fand**	fände	**gefunden**
fliegen (*s.*) 飛ぶ		**flog**	flöge	**geflogen**
geben 与える	*du* gibst *er* gibt	**gab**	gäbe	**gegeben**
gehen (*s.*) 行く		**ging**	ginge	**gegangen**
gelingen うまくいく	*es* gelingt	**gelang**	gelänge	**gelungen**

不定詞	直説法		接続法 第 2 式	過去分詞
	現 在	過 去		
geschehen (s.) 起こる	*er* geschieht	**geschah**	geschähe	**geschehen**
gewinnen 勝つ		**gewann**	gewänne (gewönne)	**gewonnen**
greifen つかむ		**griff**	griffe	**gegriffen**
haben もっている	*du* hast *er* hat	**hatte**	hätte	**gehabt**
halten つかんでいる	*du* hältst *er* hält	**hielt**	hielte	**gehalten**
hängen 掛かっている		**hing**	hinge	**gehangen**
heben 持ち上げる		**hob**	höbe (hübe)	**gehoben**
heißen (…という) 名である	*du* heißt *er* heißt	**hieß**	hieße	**geheißen**
helfen 助ける	*du* hilfst *er* hilft	**half**	hülfe (hälfe)	**geholfen**
kennen 知る		**kannte**	kennte	**gekannt**
kommen (s.) 来る		**kam**	käme	**gekommen**
können …できる	*ich* kann *du* kannst *er* kann	**konnte**	könnte	**können** 〈gekonnt〉
laden 積む	*du* lädst (ladest) *er* lädt (ladet)	**lud**	lüde	**geladen**
lassen させる	*du* lässt *er* lässt	**ließ**	ließe	**gelassen** 〈lassen〉
laufen (s.) 走る	*du* läufst *er* läuft	**lief**	liefe	**gelaufen**
lesen 読む	*du* liest *er* liest	**las**	läse	**gelesen**
liegen 横たわっている		**lag**	läge	**gelegen**
lügen うそをつく		**log**	löge	**gelogen**
mögen …かもしれない	*ich* mag *du* magst *er* mag	**mochte**	möchte	**mögen** 〈gemocht〉
müssen …しなければならない	*ich* muss *du* musst *er* muss	**musste**	müsste	**müssen** 〈gemusst〉

不定詞	直説法		接続法 第2式	過去分詞
	現在	過去		
nehmen 取る	*du* nimmst *er* nimmt	**nahm**	nähme	**genommen**
nennen 名づける		**nannte**	nennte	**genannt**
raten 助言する	*du* rätst *er* rät	**riet**	riete	**geraten**
rufen 呼ぶ		**rief**	riefe	**gerufen**
scheinen 輝く		**schien**	schiene	**geschienen**
schlafen 眠る	*du* schläfst *er* schläft	**schlief**	schliefe	**geschlafen**
schlagen 打つ	*du* schlägst *er* schlägt	**schlug**	schlüge	**geschlagen**
schließen 閉じる	*du* schließt *er* schließt	**schloss**	schlösse	**geschlossen**
schneiden 切る		**schnitt**	schnitte	**geschnitten**
schreiben 書く		**schrieb**	schriebe	**geschrieben**
schreien 叫ぶ		**schrie**	schriee	**geschrien**
schweigen 黙っている		**schwieg**	schwiege	**geschwiegen**
schwimmen 泳ぐ		**schwamm**	schwömme (schwämme)	**geschwommen**
sehen 見る	*du* siehst *er* sieht	**sah**	sähe	**gesehen**
sein (*s.*) ある、いる	*ich* bin *du* bist *er* ist *wir* sind *ihr* seid *sie* sind	**war**	wäre	**gewesen**
singen 歌う		**sang**	sänge	**gesungen**
sitzen すわっている	*du* sitzt *er* sitzt	**saß**	säße	**gesessen**
sollen …すべきである	*ich* soll *du* sollst *er* soll	**sollte**	sollte	**sollen** 〈gesollt〉
sprechen 話す	*du* sprichst *er* spricht	**sprach**	spräche	**gesprochen**

不定詞	直説法		接続法 第 2 式	過去分詞
	現 在	過 去		
springen (s.) 跳ぶ		**sprang**	spränge	**gesprungen**
stehen 立っている		**stand**	stünde (stände)	**gestanden**
stehlen 盗む	*du* stiehlst *er* stiehlt	**stahl**	stähle	**gestohlen**
steigen (s.) のぼる		**stieg**	stiege	**gestiegen**
sterben (s.) 死ぬ	*du* stirbst *er* stirbt	**starb**	stürbe	**gestorben**
streiten 争う		**stritt**	stritte	**gestritten**
tragen 運ぶ	*du* trägst *er* trägt	**trug**	trüge	**getragen**
treffen 会う	*du* triffst *er* trifft	**traf**	träfe	**getroffen**
treten 歩む	*du* trittst *er* tritt	**trat**	träte	**getreten**
trinken 飲む		**trank**	tränke	**getrunken**
tun する		**tat**	täte	**getan**
vergessen 忘れる	*du* vergisst *er* vergisst	**vergaß**	vergäße	**vergessen**
verlieren 失う		**verlor**	verlöre	**verloren**
wachsen (s.) 成長する	*du* wächst *er* wächst	**wuchs**	wüchse	**gewachsen**
waschen 洗う	*du* wäschst *er* wäscht	**wusch**	wüsche	**gewaschen**
werden (s.) なる	*du* wirst *er* wird	**wurde**	würde	**geworden** 〈worden〉
werfen 投げる	*du* wirfst *er* wirft	**warf**	würfe	**geworfen**
wissen 知っている	*ich* weiß *du* weißt *er* weiß	**wusste**	wüsste	**gewusst**
wollen …するつもりだ	*ich* will *du* willst *er* will	**wollte**	wollte	**wollen** 〈gewollt〉
ziehen 引く		**zog**	zöge	**gezogen**

Quellennachweis

Seite 12
2) hanohiki/Adobe Stock Photo
3) HLPhoto/Adobe Stock Photo
4) Олександр Луценко/Adobe Stock Photo
5) hunterbliss/Adobe Stock Photo
6) gielmichal/iStockphoto.com
7) Yevgen Belich/Adobe Stock Photo
8) realtowner /Adobe Stock Photo
9) bit24/Adobe Stock Photo
10) Olga Lyubkin/Adobe Stock Photo
11) ぶっさん /Adobe Stock Photo

Seite 20
1) Jürgen Fälchle/Adobe Stock Photo
2) PhotoSGH/Shutterstock.com
4) © Der Grüne Punkt – Duales System Deutschland GmbH
5) Nicolette Wollentin/Adobe Stock Photo
6) Pixelot/Adobe Stock Photo
7) © Wolf Lux / B Z.
8) Chiemi Kumitani

Seite 29
Quiz   Sueddeutsche Zeitung Photo/Alamy Stock Photo
Quiz   Michael Dwyer/Alamy Stock Photo
Loveparade Friedrich Stark/Alamy Stock Photo

Seite 36
2) Elen Marlen/iStockphoto
3) defotoberg/shutterstock.com
4) Steve Cukrov/Adobe Stock Photo
6) tadeas/Adobe Stock Photo
7) Ralf Liebhold/shutterstock.com
8) G0d4ather/iStockphoto.com
9) happycreator/shutterstock.com
10) Pixelot/Adobe Stock Photo
11) Ralf/Adobe Stock Photo
12) 竹澤宏 /Adobe Stock Photo

Seite 43
HARIBO   griffel/iStockphoto.com
Teddy Bär   Smithsonian Museum of Natural History (CC BY-SA 2.00)

Seite 44
1) KarstenBergmann/Pixabay.com
4) lapping/Pixabay.com
5) michaelphilipp/Pixabay.com
7) Nikada/iStockphoto.com
8) mobasoft24/Pixabay.com
10) moerschy/Pixabay.com
11) music4life/Pixabay.com

Seite 52
1) Fotograf Daniel Mock/Adobe Stock Photo
2) kaarsten/iStockphoto.com
3) Orest Lyzhechka/iStockphoto.com
4) ArtFoth/Adobe Stock Photo
5) B. Hochsprung/Pixabay
6) GiangCP/iStockphoto.com
7) Animaflora PicsStock/Adobe Stock Photo
9) C. Stadler/Bwag

Seite 59
Weiberfastnacht   Racle Fotodesign/Adobe Stock Photo
Osterhase   Oster Dekor/Adobe Stock Photo
Ostermarkt   bestravelvideo/iStockphoto.com
Osterlamm   hydrangea100/iStockphoto.com
Osterfladen   kathrin/Adobe Stock Photo

Seite 60
1) © 2001 Studio Ghibli · NDDTM
2) ©1995 柊あおい / 集英社 · Studio Ghibli · NH
3) © 1984 Studio Ghibli · H
4) © 2004 Studio Ghibli · NDDMT
5) ©1991 岡本螢 · 刀根夕子 · Studio Ghibli · NH
6) © 2013 Studio Ghibli · NDHDMTK
7) © 1986 Studio Ghibli
8) © 1989 角野栄子 · Studio Ghibli · N
9) © 1988 Studio Ghibli
10) © 1992 Studio Ghibli · NN
11) © 1997 Studio Ghibli · ND
12) © 2006 Studio Ghibli · NDHDMT

Seite 61
Quiz © 2016 Studio Ghibli - Wild Bunch - Why Not Productions - Arte France Cinéma - CN4 Productions - Belvision - Nippon Television Network - Dentsu - Hakuhodo DYMP - Walt Disney Japan - Mitsubishi - Toho

Seite 63
Zoetrope   Javier Jaime/Shutterstock
Fatih Akin: dpa picture alliance/Alamy Stock Photo
Florian Henckel von Donnersmarck: WENN Rights Ltd/Alamy Stock Photo
Jan Ole Gerster: WENN Rights Ltd/Alamy Stock Photo

Seite 68
3) michelangeloop/Shutterstock.com
8) dirk kuepper/Pixabay.com
9) Jens Junge/Pixabay.com
10) vvoe/Adobe Stock Photo

Seite 75
Platz des 18. März   gio_cala/iStockphoto.com
Friedrichstraße   NicolasMcComber/iStockphoto.com

Seite 76
1) AlexPro9500/iStockphoto.com
2) Mario Cvitkovic/Pixabay.com
3) Gina Sanders/Adobe Stock Photo
7) Roman Eisele/Wikimedia Commons/CC BY-SA 4.0
8) lunaundmo/Adobe Stock Photo
9) franckreporter/iStockphoto.com

Seite 77
Lebkuchen   ETIEN/Adobe Stock Photo
Christmas pudding bhofack2/iStockphoto.com
Bûche de Noël   Didier Garzandat/Adobe Stock Photo
Panettone   Ramon L. Farinos/shutterstock.com
Turrón   vasantytf/iStockphoto.com
Makowiec   galiyahassan/Adobe Stock Photo

Seite 83
Weihnachtsmärkte   untenklug-photo/iStockphoto.com
Der Nikolaustag   Ryan Evans/Alamy Stock Photo

著　者

今井田　亜弓 （いまいだ　あゆみ）

前田　　織絵 （まえだ　おりえ）

ノイエ・シュリッテ
たくさん練習して学ぶドイツ語

2024 年 2 月 20 日　　第 1 刷発行
2024 年 8 月 20 日　　第 2 刷発行

著　者────　今井田亜弓
　　　　　　　前田織絵
発行者────　前田俊秀
発行所────　株式会社　三修社

　　　　　　〒 150-0001
　　　　　　東京都渋谷区神宮前 2-2-22
　　　　　　TEL 03-3405-4511 / FAX 03-3405-4522
　　　　　　振替 00190-9-72758
　　　　　　https://www.sanshusha.co.jp
　　　　　　編集担当　永尾真理
印刷所────　日経印刷株式会社

© 2024 Printed in Japan
ISBN978-4-384-13108-6 C1084

　　　本文デザイン ──── 株式会社 欧友社
　　　表紙デザイン ──── 岩泉卓屋
　　　　イラスト ──── 佐藤睦美（p.9, p.11, p.24, p.64）